Mon Coming-out du Bégaiement

Cilia Rochaix

Mon Coming-out du Bégaiement

© 2022 Cilia Rochaix
Édition : BoD – Books on Demand,
12/14 rond-point des Champs-Élysées, 75008 Paris
Impression : BoD - Books on Demand,
Norderstedt, Allemagne

Illustrations : Christa Rochaix
ISBN : 978-2-3223-9258-2
Dépôt légal : 03-2022

*J'ai fait le choix d'écrire un livre court et simple à comprendre.
L'objectif de mon témoignage est d'apporter de la compréhension
aux proches qui côtoient le bégaiement,
mais surtout du courage et de l'espoir
à tous ceux qui font face à ce bégaiement.*

*Il ne faut plus faire du bégaiement un tabou.
Il ne faut plus le cacher.
Soyez la meilleure version de vous-même
avec votre bégaiement.*

*Faites des choses peu communes, faites des choses exceptionnelles.
Ne limitez pas vos choix.*

*Continuez de grimper les sommets de votre vie !
Ne refusez pas une opportunité à cause de votre bégaiement.
Ne vous laissez pas décourager.
Ne vous définissez pas en tant que bégaiement.*

Vous êtes bien plus !

Remerciements

Ce livre n'aurait jamais vu le jour sans les nombreuses aides que j'ai reçues. Grâce à toutes ces coopérations, j'ai pu réaliser ce projet d'écriture qui me tient vraiment à cœur.

Je tiens à remercier ma famille et mes amis pour l'aide et l'énorme soutien qu'ils m'ont apporté. Je tiens particulièrement à remercier Christa Rochaix, pour le magnifique travail graphique qu'elle a réalisé.

Du fond du cœur, un grand merci à tous ceux qui ont accepté de témoigner et qui ont considérablement contribué à faire de ce rêve une réalité.

Un immense merci aux personnes (elles se reconnaîtront), qui m'ont aidé à corriger mon manuscrit.

Sommaire

- Ce livre 13

1ère partie 23

- Ne pas se précipiter 25
- Accepter les personnes qui ne réagissent pas de la bonne manière 26
- La puissance du regard sur moi-même..28
- L'acceptation 30
- Fermer la porte du passé, ouvrir celle du futur...................................32
- Ne pas se cacher 35
- Mon coming-out du bégaiement..37
- Ne vous cachez plus 38
- N'ayez pas peur de parler : laissez parler vos émotions 39
- Faites-en un jeu 40
- Ne tenez pas compte des clichés et des préjugés................................41
- Comprendre les mécanismes physiologiques de notre corps.................42
- Un trésor caché 43
- Trouver son calme serein 45
- Savoir prendre du recul sur les choses 48
- Ne pas se sentir visé à chaque occasion 50
- Faire du bégaiement un atout 52
- La puissance du "self love" 53
- Le contexte sanitaire actuel..55
- Si seulement c'était aussi facile…..56
- Proposition adaptation 57
- Comment réagir ? 58

2ème partie 59

- Une sensibilisation au bégaiement 61

Ce livre…

Je m'appelle Cilia, j'ai 23 ans et je bégaye depuis l'âge de 12 ans.

L'objectif de ce livre est d'apporter de l'aide, des conseils à tous ceux qui bégayent et qui n'arrivent pas à s'en sortir. Mais aussi aux parents, aux proches, qui côtoient ce bégaiement tous les jours.

Le bégaiement est certes, une façon de parler un peu spéciale. Mais en aucun cas cela nous positionne dans une case.

Nous possédons tous des particularités. C'est quelque chose qui fait partie de nous, mais cela ne nous représente pas.

Ayant eu beaucoup de mal à gérer mon bégaiement dans mon passé, j'ai longtemps recherché une manière de le « supprimer ». Puisque je n'arrivais pas à m'en débarrasser, je le cachais. Je me cachais.

J'ai été aidée, on m'a écoutée, mais je me sentais seule et incomprise face à cette particularité.

Le bégaiement peut être imagé comme un iceberg. Il y a la partie hors de l'eau qui représente la parole non fluente et le blocage sur les mots. Et il y a la partie immergé de l'iceberg qui représente toutes les émotions que nous devons gérer quotidiennement.

Je pense alors, que de lire une personne dans la même situation que soi peut soulager. Créer un moment de partage et de compréhension peut apaiser les maux. C'est pour cette raison que j'ai décidé de faire ce témoignage.

Je tiens à préciser que mon témoignage, mes pensées et mes idées sont des avis qui me concernent. Tout autre point de vue est valable aussi. Chaque opinion est la bienvenue … Chacun à sa propre liberté de penser.

Derrière le bégaiement se trouve une personne. Cette personne c'est vous et moi. Nous sommes plus qu'un bégaiement. Le bégaiement ne nous définit pas. **Vous êtes bien plus ! Aimez-vous, acceptez-vous comme vous êtes. Faites de vos particularités une force.**

L'être humain en général a peur du jugement des autres. Celui-ci accorde beaucoup d'importance à ce que les autres pensent de lui. En temps normal, je vous dirais « ne vous fiez pas aux avis extérieurs ». Or, je sais qu'il est dur d'accepter une particularité peu commune lorsque l'on ne connait pas vraiment l'avis des autres.

J'ai alors posé une question à mon entourage et à mes ami(e)s qui eux aussi ont posé la question de leur côté :

« Si je te dis le mot bégaiement, tu en penses quoi ?
Ton premier ressenti, tes premières idées.
Il n'y a pas de bonnes ou de mauvaises réponses ».

Je n'ai pas cherché à avoir une centaine de commentaires. Mon objectif n'est pas de faire une liste d'avis de ce que pensent les personnes extérieures de nous.

J'ai analysé les réponses écrites telles quelles de manière anonyme et je les ai classés en trois parties :

<u>**La première partie de réponses**</u> évoque les notions de stress, la difficulté à s'exprimer, le manque de confiance, la timidité…

- *« Manque d'opportunité, être « réservé »*.
- *« La difficulté de s'exprimer sans répétition de mots »*.
- *« Stress et difficultés de s'exprimer »*, *« trouble, traumatisme, difficulté d'inclusion et intégration sociale. Pas être facile à vivre au début au niveau sociale, mais que c'est une force et la marque de quelque chose qui a du sens selon ce qu'on a vécu »*.

- « *Le roi anglais, la complexité et une barrière apparente au plan social* ».
- « *The king speech et des personnes qui ne doivent pas être en confiance lorsqu'elles parlent aux autres* ».
- « *Arrêt sur un mot, une voiture qui n'arrive pas à démarrer* ».
- « *Handicap plus ou moins important, qui a des répercussions sur la vie de la personne qui en souffre. Moquerie étant plus petit, puis problème pour bosser dans certaines voies* ».
- « *Difficultés à parler à cause de ça* »
- « *Ce sont des personnes très sensibles qui vivent de manière intensément et qui réfléchissent profondément. Des personnes qui ont un manque de confiance en soi* ».
- « *C'est injuste pour les personnes qui en souffre, on devrait soutenir les personnes qui bégayent et les accompagner au lieu de se moquer. Aujourd'hui le bégaiement n'est pas encore bien connu et ce n'est pas cool. Surtout au collège lorsque les enfants ne savant pas ce que c'est se moquent. C'est source de beaucoup de moquerie et il n'y a rien de drôle à ça. On n'en parle pas tant que ça sauf quand on en est confronté* ».
- « *Parole interrompue, une parole pas très fluide, surement causé par le stress* ».
- « *Difficultés à s'exprimer, un renferme sur soi, stress, honte, hyperémotivité* ».
- « *Une vision spirituelle : une peur qui rythme la vie émotive. Cela se traduit par des blocages physiologiques entraînant donc un problème de respiration et un blocage au niveau de la parole* ».
- « *La complexité et une barrière apparente au plan social* ».
- « *Confiance en soi, regard des autres, maladie* ».
- « *Que la personne est timide* ».

La deuxième partie de réponses représente les avis positifs : une difficulté que l'on peut surmonter, un handicap qui devrait être beaucoup plus reconnu, un trouble non volontaire, le fait que le bégaiement peut s'estomper :

- *« La personne veut parler un peu vite ou qu'elle a du mal à formuler ces idées mais ce n'est donc pas de sa faute. Ça se travail et ça n'empêche pas de travailler »*.

- *« Difficulté de s'exprimer qui peut malheureusement conduire une personne à être mal à l'aise, timide et renfermer. je pense que ce problème ne devrait finalement pas être vu comme un problème mais simplement une différence. on a tous des différences plus ou moins difficiles à surmonter mais c'est ce qui nous définit. En tout cas, quand je sais qu'une personne bégaie, je ne suis pas quelqu'un qui va se moquer de cette personne, loin de là, et je vais essayer de faire de mon mieux pour rendre la personne à l'aise et lui faire comprendre que c'est loin d'être grave ! »*

- *« Hmmm j'aurais pensé aux mots "expression", "timidité" parce que souvent on associe ça à la timidité alors qu'en vrai pas du tout ! Ça peut être aussi un caractère unique qui définit quelqu'un. je pense que ça peut être perçu comme une difficulté à surmonter »*.

- *« C'est un trouble de la parole qui provoque une répétition de sons, de mots mais que c'est involontaire. Je pense qu'il y a plusieurs niveaux de bégaiement, certaines personnes bégaient plus que d'autres et ne vont pas "bloquer" forcément à chaque phrase, chaque mot. Que ça peut passer avec le temps ou avec des séances d'orthophonistes »*.

- *« Acceptation de soi, orthophoniste et lorsqu'on chante ça disparaît »*.

- *« Parler, handicap, difficultés, différents degré et mon premier ressenti : empathie »*.

- « *Mon premier ressenti : être patient, Être à l'écoute. Mettre les personnes à l'aise* ».

- « *Je dirai que cela peut être "embêtant" pour la personne qui bégaie mais que cela n'a pas d'impact en soit* ».

La troisième partie de réponses représente les avis neutres ou ceux qui pensent à une personne en particulier :

- « *Je ne m'en rend pas compte, je fais « abstraction ». Cela ne m'a pas choqué. Je n'ai rien pensé de positif ou de négatif* ».

- « *Le cerveau n'arrive pas à sortir le mot* ».

- « *On définit une personne qu'on connait qui bégaye* ».

- « *Quand on chante ça ne se perçois plus* ».

- « *Roi George 6 , traumatisme, intimidation, la parole, Ed Sheeran, l'expression de ses émotions* ».

- « *Pas d'opinion* ».

- « *Une personne dont les idées ne sont pas claires ou trop claire en minorité des cas* ».

- « *Je pense aux personnes que je connais qui bégaye mais sur le bégaiement même je n'ai pas d'avis, pas de bon ou de mauvais ressenti, je suis neutre* ».

- « *On trouve ça compliqué à répondre, on est neutre sur la question* ».

- « *Je ne sais pas trop quoi dire* ».

- « *Les gens se moquent beaucoup et ne sont pas compréhensif* ».

- « *Trouble de la parole et de la communication. Répétition et pause. Difficile à vivre* ».

- ♣ « *Frustration, manque de confiance en soi, stress, honte* ».
- ♣ « *Des émotions qui s'en suivent d'un blocage physiologique induisant le bégaiement* ».
- ♣ « *Je ne sais pas, du stress je pense* ».
- ♣ « *Personne spécial, thérapie, trouble au niveau de la parole, répétition, thérapie, handicap* ».

« Je vois le bégaiement comme un iceberg.
Il y a la face visible que l'on aperçoit qui est le bégaiement.
Et puis, il y a la face sous l'eau que l'on ne remarque pas »

(Témoignage anonyme)

L'analyse que j'ai portée après avoir lu tous ces avis est un cas me concernant. Je suis consciente que certaines personnes n'ont malheureusement pas eu autant de chance que moi.

L'incompréhension de cette particularité unique donne encore lieu à des moqueries. Il est vraiment vital que les parents, les professeurs, les écoles, les jeunes, ainsi que les personnes en général apprennent ce qu'est le bégaiement. Le jour où vous y serez confrontés, votre comportement pourra impacter à jamais la vie de la personne qui bégaye.

À travers tous ces avis anonymes, nous pouvons remarquer qu'une majorité de personnes pensent qu'il s'agit d'un manque de confiance en soi. Que le bégaiement est la cause d'émotions intenses pouvant être facteur de difficultés d'insertion sociale. D'autres personnes n'ont pas vraiment d'avis sur la question ou bien pensent que c'est une difficulté que l'on peut surmonter et qu'il peut devenir une force.

Mais remarquez bien, en aucun cas il n'y a du jugement, des critiques ou des moqueries dans cette enquête.

La majorité des personnes ont vu l'aspect visible du bégaiement. Cependant, l'aspect interne concernant les émotions, la tristesse et la peur de parler ne fait pas surface.

J'aimerais vous dire que le bégaiement en soit importe guère. Néanmoins, votre ressenti, vos émotions, votre bien être, votre amour-propre, votre bonheur, votre sourire, votre courage sont ce qu'il y a de plus important. J'espère qu'après avoir lu ce livre, vous les spectateurs et spectatrices du bégaiement, vous comprendrez que celui-ci va au-delà de l'aspect visible que vous apercevez.

Lorsque l'on bégaye, on imagine souvent ce que les autres pensent ou bien vont dire de nous. On a peur d'être jugé, de se sentir pointé du doigt car on est différent. J'aimerais vous dire que le regard des autres ne devrait pas nous impacter. Nous sommes tous différents sur cette terre. À quoi bon avoir peur du regard des autres si l'on peut faire de notre différence une force de vie ?

Demandez à votre entourage ce qu'ils en pensent. Vous serez surpris de voir que personne ne prend le bégaiement au sérieux autant que vous.

Vous avez remarqué à travers ma petite enquête, que l'avis extérieur n'est presque pas porté sur le jugement du bégaiement. De plus, peu de personnes connaissent réellement son origine et sa définition. A quoi bon avoir peur du regard des autres si tant de personnes ne connaissent pas cette particularité ? **Assumez-vous, aimez-vous, parlez.** Mais en aucun cas vous ne devez-vous sentir dévalorisés. ***Vous êtes merveilleux, vous êtes courageux. Faites du bégaiement une force de vie. Soyez l'exemple, le modèle de tous ceux qui en auront besoin.***

A travers ces petits chapitres à venir, j'aimerais vous apporter mon soutien, mon aide, mon empathie, mon amour. Vous, qui possédez cette belle particularité du bégaiement, n'abandonnez jamais. Il est grand temps que vous soyez heureux. Je tiens à dire que je sais ce que vous vivez ou ce que vous avez vécu. Je l'ai vécu aussi. J'ai beaucoup pleuré. Je me suis souvent cachée.

Aujourd'hui, il est temps de vous relever et de profiter de la merveilleuse vie qui vous attend.

Ne subissez plus la vie, vivez-la intensément. Sachez que j'admire déjà par avance votre courage à venir.

Vous parents, cessez de vous poser des questions. Même s'il est légitime de s'en poser. Lorsque le bégaiement survient, on se demande pourquoi il est là et si on a une part de responsabilité. Mais si je vous dis que cela n'a pas d'importance ?

En tant que jeune fille possédant une parole particulière, je ne me suis encore jamais dit que mon bégaiement était la faute de mes parents ou de mon entourage proche. Il est arrivé et il faut vivre avec. Accompagnez de votre mieux votre enfant, aidez-le à se sentir à l'aise. Demandez-lui comment il se sent. Mais en aucun cas vous devez avoir un sentiment de honte et de culpabilité face au bégaiement. Ne cachez pas le bégaiement face aux regards extérieurs. Votre enfant est sublime et possède une particularité peu commune. Apprenez-lui dès le départ qu'il peut en faire une force et que ce n'est pas quelque chose de grave. Le bégaiement peut devenir une opportunité.

Je vous souhaite une bonne lecture.

1ère partie

Ne pas se précipiter

Lorsque j'étais plus jeune, je suis allée voir beaucoup de spécialistes : orthophonistes, psychologues, hypnotiseurs, sophrologues, kinésithérapeutes et j'en passe…

Tous ont donné toute leur énergie pour m'aider, mais cela ne fonctionnait pas. Pourquoi ? Car je n'étais pas prête. Je disais être prête mais je ne l'étais pas au fond de moi. Le jour où j'ai su que j'étais prête, c'est le jour où je n'avais plus honte de la personne que j'étais. Je n'avais plus honte lorsque je prenais la parole devant un groupe de personnes car je m'assumais. J'acceptais le fait que je pouvais bégayer, et ça m'était égal. À ce moment-là, j'ai su que j'étais prête à aller voir des spécialistes pour m'aider à gérer ce bégaiement. L'objectif de la thérapie, n'est pas d'éliminer le bégaiement, mais de m'aider à le gérer dans les différentes situations que la vie peut m'apporter. J'ai donc entamé des séances d'orthophonie. Non pas avec le rêve de ne plus jamais bégayer dans le futur, mais avec le rêve de savoir contrôler ce bégaiement. Je bégaye et je le sais. Je bégaierai surement tout le long de ma vie. Mais il est possible de gérer cette particularité qui fait partie de moi.

Tout être humain parle de façon différente. Personne n'a la même fluence, le même rythme de parole, la même intonation, la même voix. Mais surtout, personne ne parle de façon parfaite. Cela arrive à tout le monde d'oublier un mot, de bafouiller ou bien de bégayer sur un mot. J'ai certainement plus de mal que les autres à parler d'une façon fluente, mais je sais parler pour autant. Ce qui compte ce n'est pas la manière de parler, mais le message que l'on transmet.

Accepter les personnes qui ne réagissent pas de la bonne manière

Le bégaiement n'est pas forcément connu. Souvent, lorsqu'on rencontre de nouvelles personnes, celles-ci ne comprennent pas tout de suite ce qu'il en est. Cela peut donner lieu à des moqueries, des regards moqueurs, des questionnements, des remarques, des rires etc. C'est la façon dont l'être humain se comporte face à des choses qu'il ne connait pas. Oui, c'est frustrant pour nous. C'est très blessant. Mais je suis convaincue que ces personnes n'ont pas l'intention de nous blesser. Alors ne faites pas une histoire personnelle des réactions des différentes personnes.

Paradoxalement, nous avons envie de nous sentir écouté, compris, protégé au sein de notre famille. Or, au début de notre bégaiement, nous ne comprenons pas ce qui se passe. Nous n'arrivons pas à le gérer. Alors, notre famille encore moins. Comme toute famille aimante, celle-ci va essayer de nous donner des conseils pour arrêter de bégayer : « arrête de parler, parle moins vite, respire un bon coup… ». Mais très souvent, c'est l'inverse de ce qu'il faudrait faire.

Il faut savoir que le bégaiement ne se détermine pas seulement comme un problème de respiration et de parole. Sinon, il serait facile de s'en débarrasser. Cela en fait partie, mais ce ne sont pas seulement ces facteurs qui nous permettront de gérer notre bégaiement. Ce qui nous est nécessaire, c'est de ne pas faire de remarque lorsque nous bégayons. Mais malheureusement c'est tout le contraire de ce qui se passe. Il ne faut pas blâmer notre famille ou nos ami(e)s. Ils essayent de nous aider. Ils ne savent pas que ce n'est pas la bonne manière. C'est pour cette raison que la communication est fondamentale. Étant petite, je n'osais pas dire que les remarques auxquelles je me confrontais ne m'aidaient pas.

Vous parents, proches de cette merveille qui bégaye…, posez-lui la question si votre réaction face à son bégaiement lui convient. Personnes ne réagit de la même manière. Peut-être que vos conseils sont instructifs pour lui, ou peut-être pas. Mais communiquez. Il ne faut pas laisser votre enfant s'enfermer émotionnellement. Lorsque le bégaiement survient, il est très compliqué de le comprendre et de le vivre. En tant que parents, n'ignorez pas le bégaiement, ne soyez pas dans le déni, ne lui cachez pas. Mais parlez-en, ensemble. Demandez à votre enfant si sa journée s'est bien passée. Une fois que vous laissez la porte ouverte, libre à lui de venir se confier à vous.

La puissance du regard sur moi-même

Peu de personnes osent se regarder dans un miroir et s'observer, s'entendre parler vocalement ou bien, se regarder dans une vidéo. C'est un exercice très compliqué mais très intense. J'ai pu apercevoir mon bégaiement à partir de ce moment. Je savais que je bégayais, mais je ne m'étais pas encore vue ni entendue bégayer. Le fait de voir les traits de mon visage se crisper, mes yeux se fermer et ma bouche se courber m'a fait prendre conscience de mon bégaiement. C'est à partir de ce moment que j'ai été prête à entamer une thérapie. Le fait de se voir dans un miroir ou dans une vidéo, ne veut pas dire « se critiquer », mais simplement s'observer et s'accepter tel qu'on est.

Si vous commencez à avoir des expressions faciales ou corporelles en plus de votre bégaiement, ce n'est pas grave. N'ayez pas honte. Cela ne vous définit pas. Vous parents, grands-parents, proches, essayez de ne pas en faire tout un drame. Observez de loin. Seulement lorsque vous voyez que ce phénomène s'accentue, commencez à poser des questions à votre enfant. Je me souviens que mes parents m'ont un jour demandé calmement : «*Cilia, pourquoi tu clignes souvent des yeux ? Tu t'en aperçois ? Tu as mal ?*» Finalement, mes clignements des yeux n'étaient que temporaires. Le fait de me poser la question, d'essayer de comprendre ce que je ressentais ou ce que je faisais, m'a été beaucoup plus bénéfique que si on avait pu me dire «arrête de cligner des yeux !» Je pense que l'art de la communication et la façon de dire les choses compte énormément pour les personnes qui comme moi, ont eu (ou qui ont toujours) du mal avec le bégaiement et avec tout ce que cela représente. C'est un fait qui nous affecte émotionnellement. Nous serons beaucoup plus ouverts à la discussion si l'interlocuteur prend en compte nos difficultés, nos inquiétudes.

Mes parents ont été inquiets lorsque petite, j'ai commencé à cligner fréquemment des yeux et que mon bégaiement est ensuite apparu. Ce n'étaient pas les seuls. J'étais perdu aussi. Je ne comprenais pas ce qui m'arrivait. Je me posais beaucoup de questions : "suis-je bizarre ?" "Pourquoi cela m'arrive-t-il à moi et pas aux autres ?" Aujourd'hui, je ne sais toujours pas pourquoi j'ai eu une période assez compliquée et intense étant petite. Mais ce que je sais, c'est que je n'étais pas bizarre. Je le prends comme des petits parcours du combattant que la vie nous apporte afin de nous dépasser, de nous chercher. Alors, si votre enfant commence à avoir des expressions faciales, ne vous en inquiétez pas. Ne le grondez pas. C'est sûrement temporaire. Il sera aussi perdu et mal à l'aise que vous. Parlez-lui, apportez-lui votre soutien. Dites-lui que vous l'aimez. Il aura sans doute peur que vous ne l'aimiez plus à travers ces petites particularités.

L'acceptation

Le bégaiement n'est ni un défaut, ni une qualité. C'est un fait qui s'est avéré grandir avec nous. Chaque être humain possède des qualités et des défauts, mais aussi des spécificités qui le différencient. Le bégaiement fait partie d'une de ces spécificités existantes. Une fois qu'on a compris ce qu'il représente pour nous, il peut devenir un « pouvoir ». Mon bégaiement représente le thermomètre de mes émotions. Lorsque je ne bégaye pas ou très peu, je sais que j'arrive à gérer mes émotions. Le moment où le bégaiement devient très présent, je sais tout de suite que j'ai une émotion en moi qui est très présente, que je n'arrive pas à gérer. Je transforme alors ce que je pensais être un «fardeau» en pouvoir.

Le fait de bégayer m'a aussi énormément apporté dans la vie. J'ai dû accepter le regard des autres, accepter de m'entraîner plus que mes camarades de classe pour les oraux. En quelque sorte, cela m'a beaucoup appris sur la vie et sur l'être humain. Aujourd'hui, je ne voudrais pas refaire mon passé, ni changer mon futur. Comme je me dis souvent « Don't be afraid to let them show your true colors ». (N'ayez pas peur de montrer vos vraies couleurs)

Accepter le bégaiement, c'est aussi accepter de bégayer librement sans faire d'effort de fluence. Lorsque j'ai effectué des exercices toute la journée pour contrôler mon bégaiement, le soir je suis contente de pouvoir relâcher cet effort. De pouvoir parler comme bon me semble sans avoir à me concentrer sur mon rythme de parole, ma fluence… Je suis satisfaite de ma journée et de mes efforts. Alors le soir, je laisse mon corps s'exprimer comme il le souhaite. Si je bégaye, «c'est d'accord». Si je ne bégaye pas «c'est bon aussi».

Cela me fait penser à la citation :

**« you don't have to be good enough for people to love you.
Be good enough for yourself, for you to love you ».**

" Tu n'as pas besoin d'être assez bien pour que les autres t'aiment.
Sois assez bien pour toi même, pour t'aimer-toi ».

Avec ou sans bégaiement, aime-toi. Ce n'est pas ton bégaiement qui vas définir la personne que tu es.

*« Vous avez de la chance ! Vous avez une particularité
que les autres n'ont pas ! C'est votre élément différenciant.
Les personnes qui bégayent ont souvent une grande maturité,
un sens de l'écoute très développé, une forte sensibilité,
une approche intellectuelle des choses,
une authenticité impressionnante.*

*Pour avoir rencontré de nombreuses personnes bègues,
force est de constater que les bègues
sont souvent des personnes géniales et passionnantes
(un peu d'auto-promotion ne fait pas de mal) »*

(Témoignage anonyme)

Fermer la porte du passé, ouvrir celle du futur

Le bégaiement est un trouble de la parole encore trop peu connu et tabou. Il y a de nombreux articles sur internet qui prétendent « comment ne plus bégayer en 3 points » ou « comment ne plus bégayer en 30 secondes ». C'est justement tout ce flux d'informations qui emmène une non-connaissance de ce trouble. Si je ne bégayais pas, je me serais probablement dit : « le bégaiement n'est pas quelque chose de bien embêtant car on peut s'en sortir en seulement 30 secondes » et tout comme « il y a beaucoup d'informations sur le sujet, donc c'est quelque chose qui est connu ». Contrairement à toutes les informations qu'on peut retrouver sur internet et sur Youtube, il n'est pas si facile que ça d'arrêter de bégayer. On m'a souvent dit « *mais arrête de bégayer !* » J'aimerais bien, mais je ne contrôle pas les choses. Si ce dysfonctionnement du trouble de la parole était bien connu, vous ne seriez pas en train de lire ces lignes actuellement.

Cette non-connaissance du bégaiement apporte de la moquerie. Lorsque l'Homme ne connait pas quelque chose, celui-ci a tendance à rire du phénomène. J'ai déjà fait face à des regards moqueurs, à des personnes baissant le regard, ou même à des rires. J'ai un souvenir très intense du jour où je suis allée donner mon CV pour travailler dans une grande surface. Au moment où j'ai donné mon CV et que j'ai voulu dire mon nom et prénom, aucun son ne sortait de ma bouche. C'est à ce moment-là que j'ai eu droit à la question très courante : « tu ne connais pas ton prénom ? ». Aujourd'hui encore je ne peux pas réellement décrire ce que j'ai ressenti sur le moment. C'était un mélange confus de tristesse et de frustration. Je ne comprenais pas comment on pouvait avoir un tel manque de compréhension. Avec du recul, j'ai compris que seulement très peu de personnes savent ce qu'est le bégaiement. Et dans cette minorité de personne, peu de spécialistes arrivent à dire ce qu'est exactement ce trouble : pourquoi il apparait, pourquoi il existe sous différentes formes et pourquoi il part chez des personnes et pas chez d'autres. Désormais, je prends à la légère toutes les remarques que je peux encore entendre vis-à-vis de mon bégaiement. Je me dis que j'ai cette grande chance d'avoir une particularité encore peu connue et qui me rend différente.

Je me suis longtemps demandé pourquoi est-ce que ce trouble m'était destiné alors que peu de personnes en souffrent. Ayant un regard rationnel et scientifique sur les choses, j'ai pensé : si on arrive à guérir une maladie en trouvant son élément déclencheur, pourquoi ne pas faire pareil avec mon bégaiement. J'ai donc entrepris des séances d'ostéopathie et de kinésithérapie en espérant avoir un problème d'articulation au niveau de la mâchoire, ce qui résoudrait tout problème. Après ce faux espoir, je me suis tournée vers d'autres spécialistes, qui eux non plus ne pouvaient pas plus m'aider. Le fait de voir mon bégaiement s'accentuer et de ne pas comprendre pourquoi je ne pouvais pas en « guérir » m'a énormément blessée. J'avais perdu toute confiance en moi, je n'osais plus prendre la parole en classe même si je ne comprenais pas le cours, je n'osais pas donner mon avis face à des discussions entre ami(e)s. Je me sentais vivante mais je ne me sentais pas vivre la vie. Je la subissais.

J'ai toujours aimé parler, j'étais littéralement un livre ouvert. Mais le bégaiement prend vite le dessus et au lieu de nous donner cette envie de communiquer, il nous apporte la peur de parler, la peur de s'exprimer pour se défendre face à un problème. La peur de prendre un rendez-vous téléphonique, la peur de parler sur un terrain de basket en plein match, et toutes les autres peurs possibles. Notre petit monde se modifie. À la place d'avoir cette vitalité de jeune fille, cette confiance et ce sourire, s'installe un énorme manque de confiance en moi, une peur permanente du jugement et une crainte perpétuelle de devoir parler devant tout le monde.

N'ayant pas encore conscience de la puissance de la pensée positive, je ne pensais qu'aux éléments négatifs me concernant.

Si je devais demander un conseil à un professeur et que je bégayais, je me disais : « j'en ai marre, j'ai honte, comment vais-je faire plus tard ». Alors que j'aurais pu me dire aussi « tu vois, même si tu bégaies tu as osé lui demander. Sois fière de toi, souris ! »

Mon objectif est de vous faire part que peu importe les difficultés que vous pouvez rencontrer, essayez d'y voir le positif. Même si vous n'en voyez pas le bout, quelle que soit la raison. Dites-vous qu'une personne unique, merveilleuse et qui a le droit d'être heureuse est actuellement en vie. Et cette personne c'est vous. Acceptez-vous tel que vous êtes. Rien n'est plus beau que d'être unique. La diversité fait toute la beauté humaine. Ma mère m'a souvent dit « tu bégayes, et alors ? Qu'est-ce que ça va changer dans la vie des autres ? » C'est totalement réel. Que je bégaye ou pas, le temps ne va pas s'arrêter, et cela ne va modifier la vie de personne. Sauf la mienne si je ne me prenais pas en main. J'ai alors décidé de ne pas chercher la raison de mon bégaiement, mais de me concentrer sur mon avenir et ce que je pouvais en faire AVEC.

Ne pas se cacher

Il est très facile de se cacher derrière le bégaiement. De ne pas vouloir prendre de rendez-vous téléphonique, de ne pas vouloir aller acheter du pain, de ne pas oser ouvrir la porte de chez soi lorsque c'est le voisin… En se cachant sous cette carapace, notre entourage va ressentir de l'empathie et ne va pas vouloir nous mettre plus en difficulté. Ils veulent nous protéger.

Restez sous cette carapace le temps qu'il vous faut. Vous avez le droit. Demandez à vos parents ou à vos ami(e)s de prendre un rendez-vous à votre place. Personne n'a dit qu'on ne pouvait pas le faire. **Mais** à un moment donné, il faudra vous ouvrir au monde. Or, il ne faut pas se précipiter. Vous allez ressentir seul(e) cette envie de défi. Vous devez être prêt pour cela.

Comme dit précédemment, j'ai souvent pensé être prête. Prête à pouvoir prendre le téléphone sur un coup de tête et appeler le médecin sans avoir la boule au ventre. Prête à demander au serveur du restaurant une nouvelle carafe d'eau. Prête à oser poser une question en cours même si je suis à l'arrière de la classe. Cependant, une fois arrivée à cet instant précis, mon regard changeait. Je ne me sentais plus capable de parler et j'abandonnais le défi que je m'étais lancé. J'avais peur du regard des autres si je bégayais. Non pas seulement peur du serveur que je ne connaissais pas, mais peur du regard de mes parents, peur du regard de mes ami(e)s. Je me demandais ce qu'ils pouvaient bien penser de moi à ce moment-là. Au fond de moi je me suis souvent posé la question si ma famille ou mes ami(e) proches n'avaient pas honte de moi. J'accepte d'avoir pu penser cela dans le passé, mais je n'accepte pas le fait de rester sur cette vision. À en être au point de ne pas vouloir parler car on a peur du regard des autres, mais spécialement du regard de sa propre famille, est triste.

Pendant une longue période, j'ai vécu de cette façon : dans la peur du jugement et du regard d'autrui. Aujourd'hui même si je bégaye devant un groupe entier de personne, je me dis "et alors ?" Personne ne peut m'empêcher de m'exprimer. Si on se moque, la moquerie appartient à la personne. Cela ne m'atteint plus. Ce n'est pas facile à faire. C'est un travail long et difficile. Mais je suis convaincue que vous y arriverez aussi un jour.

« Certes c'est dur, pénible, et pas facile de vivre avec ça.
Mais croyez-moi
que je n'aurais pas eu ce caractère
que j'estime de gagnant et de lâche rien
sans mon bégaiement.
C'est une faiblesse aux yeux des autres,
qui est une force à mes yeux.
Alors levez la tête et battez-vous,
il y a malheureusement pire dans la vie »

(Témoignage anonyme)

Mon coming-out du bégaiement

Il n'y a pas longtemps encore, je ne voulais pas rencontrer de nouvelles personnes à la fac. Je savais qu'à un moment donné, j'allais faire connaissance avec des personnes et qu'elles allaient remarquer mon bégaiement. Comme si le fait de bégayer était mauvais et mal vu. Je me mettais tout devant durant les séances de travaux dirigés afin de pouvoir poser mes questions en parlant très doucement pour qu'on ne m'entende pas parler. Cette sensation de crainte permanente se dévoilait sur mon comportement. J'avais un regard fuyant, on pouvait remarquer que je n'avais absolument pas confiance en moi. Si une personne riait en classe, je pensais directement que cela m'était destiné. Tout mon monde tournait autour de cette difficulté. Je ne faisais pas la différence entre la Cilia et le bégaiement. Je me définissais en tant que bégaiement.

Aujourd'hui, j'ai fait mon coming-out du bégaiement et j'en suis fière. Aujourd'hui j'assume mon bégaiement. Je suis fière de qui je suis avec mon bégaiement. Je suis fière d'oser prendre le téléphone et de prendre un rendez- vous en bégayant. Je suis fière de poser une question en cours même si je vais mettre un peu plus de temps que les autres. Aujourd'hui j'ai envie d'exposer mon bégaiement car je l'assume. Aujourd'hui, j'aimerais vous dire : « je bégaye, et alors ? »

De parler avec une bonne fluence ou de parler en bégayant, je vais avoir une réponse dans tous les cas. La seule chose qui change c'est la différence de fluidité dans la parole. Et cela n'est qu'un détail. Justement je me dis que la personne au bout du fil va se rappeler de moi lorsque j'appellerai la prochaine fois. C'est un avantage.

Ne vous cachez plus

Je ne veux plus me cacher. Je ne veux plus cacher mon bégaiement. Aujourd'hui je l'assume complètement. Il m'a apporté une détermination et une volonté à accomplir les choses beaucoup plus fortes qu'auparavant. Je suis sans cesse à la recherche de défis qui m'apportent de la lumière tout au long de la journée. Ce qui parait simpliste pour les autres, parait une victoire pour moi. Au fil du temps, tout ce qui me paraissait improbable dans le passé (prendre la parole en classe, appeler son médecin, commander au drive...) devient quelque chose de routinier. Et sans m'en rendre compte, j'instaure en moi une confiance de plus en plus brillante.

Je suis fière de bégayer. Si je devais refaire le passé, je ne voudrais pas le changer. Le bégaiement a permis de construire la personne que je suis aujourd'hui : heureuse, bavarde, passionnée par la vie, avec une envie dévorante de faire de longues et grandes études. Le bégaiement n'est pas un obstacle, mais une aide précieuse.

Pourquoi n'est-il pas un obstacle ? Tout dépend de la façon dont vous voyez les choses. Vous avez le choix d'être du côté pessimiste du bégaiement : qui vous apportera la peur à chaque situation de prise de parole (la peur des entretiens d'embauche, la peur des oraux etc.). Ou bien vous avez le choix d'être optimiste et de voir tout le positif que peut vous apporter le bégaiement : une admiration et une compréhension de vos professeurs, une détermination sans faille qui vous emmènera à la réussite, une confiance en vous qui deviendra de plus en plus grande…

Les clés du bonheur sont entre vos mains. Faites-en bon usage. Pensez positivement, assumez-vous, admirez-vous, aimez-vous, applaudissez-vous. Mais ne vous dévalorisez jamais. Mais encore, n'abandonnez jamais !

N'ayez pas peur de parler : laissez parler vos émotions

Lorsque je rencontre de nouvelles personnes, celles-ci ne remarquent pas tout de suite mon bégaiement. J'arrive à gérer mon rythme de parole ainsi que ma fluence pendant de courts moments. Or, lorsque ces petits moments deviennent des heures, des petits signes s'incrustent dans mon rythme de parole dévoilant très vite ma particularité. Ces petits signes peuvent être des blocages sur des mots tout comme des crispations sur mon visage. Il peut m'arriver de cligner des yeux, de courber ma bouche, de détourner mon regard. Cela peut surprendre. Je le comprends, car ce sont des traits du visage qu'il n'est pas fréquent d'apercevoir. Mais cela fait partie de moi. Ce sont des spécificités qui accompagnent mon bégaiement. Je peux essayer de contrôler ma fluence, mon rythme de parole, les intonations sur des syllabes. Mais il m'est impossible de prévoir lorsque je vais bégayer. Même avec toute la volonté que je peux apporter dans le contrôle de ma parole, les mots peuvent bloquer. Je ne vais pas essayer de le cacher en baissant la tête. J'accepte. Je m'accepte comme je suis. Le fait de vouloir baisser la tête est signe de honte, de ne pas vouloir assumer le bégaiement et l'impact qu'il a sur nous. Laissez parler vos émotions ! Clignez des yeux, butez sur les mots, frottez-vous les mains, dévoilez toutes vos expressions faciales. À quoi bon vous cacher ? Vous êtes un être vivant comme les autres mais vous avez cette particularité qui fait de vous un être unique et particulier. Acceptez-le et faites-en une force. Je ne connais encore personne qui ne m'a plus adressée la parole suite à des moments de bégaiement intenses accompagnés d'expressions faciales particulières. Ne craignez plus le regard d'autrui. Laissez-vous vivre. Accompagnez votre bégaiement et soyez-en fiers.

Faites-en un jeu

Aujourd'hui, je fais du bégaiement un jeu. Lorsque des mots ne veulent pas sortir, j'essaye de trouver une alternative. Je vais à la recherche de synonymes. Je peux vous dire que maintenant, j'en connais pas mal. Toutefois, si ces synonymes ne veulent pas sortir non plus, je vais utiliser des mots d'accroches pour ne pas avoir de pause dans ma phrase.

Voici mes mots d'accroches qui vous seront peut-être reconnaissables :

« Comment dire », « Je veux dire », « En gros », « Euh ».

Ces mots d'accroches me permettent de parler avec des phrases beaucoup plus longues et avec beaucoup plus de fluence. C'est ma façon de contourner les mots qui peuvent bloquer, buter. Je ne suis peut être pas aussi captivante que d'autres orateurs, mais je sais me faire comprendre. Peu importe le temps que je vais mettre pour dire une phrase. Le plus important c'est de réussir à transmettre le message.

Comme dit auparavant, la parole n'est qu'une clé dans le trousseau de la communication. Faites du bégaiement un jeu. Essayez de le contourner lorsque vous le pouvez. Cependant, faites AVEC lorsque vous n'y arrivez pas. À ce moment-là, montrez les autres atouts que vous avez en votre possession. Regardez votre interlocuteur dans les yeux. Ancrez vos pieds sur le sol. Ayez une posture droite. Avec tous ces atouts et malgré votre bégaiement, votre interlocuteur remarquera votre prestance. Il ne portera plus attention à votre bégaiement. Il portera attention à la façon dont vous êtes confiant. Il se dira surement « Wow, j'admire l'assurance qu'a cette personne même avec un bégaiement ».

Ne tenez pas compte des clichés et des préjugés

J'ai déjà entendu que le bégaiement était une «maladie», que la personne qui bégaye a «un problème mental». Honnêtement, je me suis souvent demandée si les personnes qui me côtoyaient se disaient aussi ce genre de choses. Vous, tout comme moi, nous connaissons la réalité. Nous savons à quel point ces clichés sont des idioties. Alors, ne tenez pas compte des clichés, des préjugés que vous pouvez entendre. Continuez votre chemin. Faites des choses peu communes, faites des choses exceptionnelles. Ne limitez pas vos choix. Ne refusez pas une opportunité à cause de votre bégaiement.

Je me rappelle encore le jour où je devais choisir ma spécialité du deuxième semestre en Licence 3 de biologie. Une matière m'intéressait énormément mais je savais qu'en aval, l'examen de fin de semestre serait un oral. Je me souviens avoir hésité avec une autre matière m'intéressant moins mais où l'examen final se faisait à l'écrit. Après réflexion, je me suis dit que l'oral ne devait plus être un frein pour moi et qu'il était inadmissible que je puisse me poser cette question.

Sortez de votre zone de confort, faites des choses qui vous sont habituellement impensables. Vous verrez que par la suite, vous serez capable de faire des choses merveilleuses. Sans vous en apercevoir, vous aurez tellement avancé sur votre chemin de vie que le bégaiement ne sera qu'un clin d'œil à votre parcours de combattant.

Comprendre les mécanismes physiologiques de notre corps

Tout être humain subit des moments de stress : des situations gênantes, des oraux, des entretiens d'embauche… Ce stress se perçoit par des évènements physiologiques dans notre corps.

Je vais prendre un exemple me concernant : C'est un jour d'oral où je sais que je vais devoir prendre la parole. Le matin en allant à la fac, j'ai une respiration lente et une parole fluente. Plus l'heure de l'oral avance, et plus des pensées s'accélèrent : « vais-je réussir à parler sans bégayer ? Et si on se moque de moi ? Et si… ». Effectivement, durant cet oral, je vais bégayer. Je ne comprenais pas pourquoi je pouvais faire un oral blanc devant mes amis sans bégayer et le jour J, ne plus pouvoir parler calmement.

J'ai compris par la suite que mes pensées vont refléter mes émotions, et que celles-ci vont se traduire par un phénomène physiologique dans mon corps. En reprenant l'exemple : mes pensées négatives vont se traduire par des émotions de stress, qui vont donner naissance à un manque de contrôle de ma respiration (je vais parler tout en étant en apnée) et donc à une parole non fluente. L'être humain ne limite pas ses pensées, il en a des milliers par jour. On ne peut pas arrêter nos pensées. Mais on peut les contrôler, les modifier afin de gérer les émotions à venir. En quelque sorte, le bégaiement extériorise mes sentiments, mes émotions internes.

Aujourd'hui si je vous témoigne mon parcours, c'est qu'il existe des moyens, des techniques, des professionnels prêts à vous aider pour gérer vos émotions. Il est possible de gérer vos pensées, vos angoisses, vos inquiétudes. Vous devez cependant être prêt pour cela, et un jour vous le serez !

Un trésor caché

Une des plus belles clés que j'ai reçues pendant mes sessions d'orthophonie, c'est de comprendre que la communication ne se fait pas seulement avec la parole, mais avec de nombreux autres facteurs :

Premièrement, le secret du regard.

On a beau être un beau parleur, mais si on a un regard fuyant, cela va gêner notre interlocuteur. Le regard est le miroir de notre âme. N'ayez pas peur de la personne en face de vous. La beauté d'un regard s'accompagne aussi d'un sourire. Comment ne pas se sentir bien face à une personne heureuse et bien dans sa peau ?

Ensuite s'ensuivent la posture et la gestuelle.

Il faut essayer d'avoir un dos droit, non courbé, avec les pieds ancrés sur le sol. En plus de ça, soignez vos mains ; ne les frottez pas ou ne les bougez pas dans tous les sens. Croyez-moi, en faisant attention à tous ces facteurs, même en bégayant, vous serez écouté.

Le trésor ne viendra pas à vous. C'est à vous d'aller à sa recherche. Il vous faudra de nombreuses heures d'entraînements avant de réussir à sourire, même lorsque vous n'arrivez pas à sortir un mot. Il vous faudra rester courageux pour ne pas fuir le regard de votre interlocuteur, même si vous faites une pause dans votre phrase. Il vous faudra continuer à essayer d'améliorer votre posture. Ces pièces du trésor peuvent être innées pour certains et inconnues pour d'autres. Il est cependant possible d'acquérir ces pièces en s'entraînant et en acceptant que le résultat ne sera pas immédiat. Il est fondamental d'accepter sa différence. Il est très difficile de rester souriant et de regarder l'interlocuteur lorsqu'on bégaye. Il existe une crainte du jugement, une crainte impossible à définir. Le jour où vous y arriverez, vous verrez que vous serez soulagé. Le temps ne s'est pas arrêté, la vie de la personne en face de vous n'a pas changé.

Toutefois, la vôtre vient juste de changer. Vous avez confronté votre différence et vous l'avez acceptée. Vous l'avez assumée. Cette expérience sera la première d'une longue liste.

Trouver son calme serein

En plus des séances d'orthophoniste que je suis régulièrement, je suis aussi des séances de sophrologie. Cela m'a appris à contrôler mes émotions, à gérer ma respiration mais surtout à avoir un calme serein constant en moi. Comme dit précédemment, les émotions induisent un phénomène physiologique dans le corps ce qui peut induire un changement de fluidité dans notre parole. Si on apprend à gérer ces phénomènes physiologiques, il sera par la suite plus facile de contrôler notre parole.

J'ai souvent été de nature explosive. J'avais beaucoup d'émotions que je n'arrivais absolument pas à gérer, ce qui m'apportait des blocages permanent. Par exemple, si je savais que j'allais bientôt passer un oral devant la classe entière à la fac, j'avais des émotions de peur. Ces émotions induisaient une augmentation de ma fréquence cardiaque, une augmentation de la fréquence de ma respiration. Bien sûr, cela entraînait une accentuation de mon bégaiement et de nouveau le sentiment de peur de ne pas y arriver. La sophrologie m'a donc aidée à gérer mes émotions ; non pas à les faire disparaitre mais à les comprendre.

Le fait de comprendre sa peur, de l'analyser va permettre de déterminer la raison profonde de cette peur, de ce mal-être en nous. Une fois qu'on a analysé cette peur, l'objectif n'est pas de la contourner mais de l'affronter tout en gardant un calme serein au fond de soi. L'excuse du bégaiement est très légitime, puissante, mais ne nous aide pas. De nombreuses fois, j'ai évité un oral car je demandais à ne pas le faire. Or, la meilleure manière de se prouver que cette peur est légitime mais qu'elle n'a pas lieu d'être, est de l'affronter. Il faut sortir de sa zone de confort. Seul(e) ce n'est pas forcément facile à faire.

C'est pour cette raison que j'ai entamé des sessions de sophrologie, qui m'ont énormément aidées à trouver le calme serein en moi.

*« Le bégaiement est un trouble de la parole qui est pris en charge par
des professionnels médicaux ou paramédicaux.
La sophrologie peut venir en complément
et en soutien à cette prise en charge.*

*C'est une méthode psychocorporelle permettant
d'harmoniser le corps et l'esprit en agissant
au niveau physique émotionnel et mental.
Le sophrologue aborde l'individu dans sa globalité.
Les protocoles de prise en charge
n'agissent pas directement sur le bégaiement.
En séance de sophrologie et grâce à l'entraînement,
la personne va apprendre à détendre les différentes parties
de son corps, peut-être plus particulièrement
au niveau du visage et du cou.
Les différents points de tensions seront repérés, acceptées, gérés.
En portant l'attention sur la respiration,
elle va apprendre à la contrôler, puis passer
d'une respiration souvent haute à une respiration basse,
qui permet de ressentir un grand calme à l'intérieur de soi.
La personne pourra prendre conscience de l'impact
de sa respiration sur son bégaiement.*

*Le travail en sophrologie va aider à apaiser et renforcer
le mental en aidant à prendre confiance en soi,
en portant attention à ses réussites
et prenant conscience de à ses capacités.
La sophrologie peut aider à reconnaître, accepter ses émotions
afin qu'elles ne viennent pas perturber la parole.*

Des techniques :
la bulle de protection, le panneau stop, visualisations positives...

La rencontre avec un sophrologue dans un espace bienveillant
et de parole libre va aider la personne bègue
à se reconnecter à elle-même, à oser se dire.
La sophrologie n'agit donc pas directement sur le bégaiement mais elle
va pouvoir avoir un impact sur le plan mental, physique et émotionnel
qui aidera à mieux vivre
et apprivoiser le bégaiement »

(Témoignage Céline Vasmer - Sophrologue)

Lorsque tout semble noir autour de vous, que la vie continue et accélère, que vous subissez la vie sans pleinement la vivre, arrêtez-vous un instant, respirez. Prenez du recul sur la vie, sur vos situations actuelles. Observez vos émotions (négative, de peur, de tristesse...). Analysez-les, comprenez-les et acceptez-les. Ensuite, emmenez à vous d'autres émotions (positives, de joie…). Elles ont le droit d'exister aussi. Savourez ce moment où vous pouvez tout oublier rien qu'un petit instant. Ce n'est pas parce que le monde continue de vivre à toute vitesse que vous ne pouvez pas vous arrêter un instant. Essayer d'obtenir un calme serein en vous. N'est-ce pas formidable de pouvoir contrôler ses pensées, ses émotions, un brève instant afin de retrouver un bien être ? Si tu ne le fais pas pour toi, personne ne le fera à ta place. Tu es la seule personne responsable de ton bien-être : « l'art de vivre consiste à un subtil mélange entre lâcher prise et tenir bon ». Bien évidemment, cela ne s'acquiert pas tout seul et immédiatement. Il faut un temps d'entraînement sur soi-même et la nécessité d'un apport extérieur.

Savoir prendre du recul sur les choses

Si vous êtes jugé ou si vous succombez face à des remarques, n'en faites pas une histoire personnelle. Les paroles peuvent être d'une puissance remarquable, mais vous savez aussi que certaines paroles ne sont pas pensées mais dites dans le seul but de blesser. Alors laissez ces paroles blessantes à l'interlocuteur en face de vous, et n'en prenez pas compte. Peut-être que cela vous est déjà arrivé. Vous avez des conflits avec votre frère, votre sœur, un ami, et soudain cette personne va vous imiter. C'est une expérience très intense. Une sensation indescriptible vous envahit. Vous vous sentez humilié, trahi, déstabilisé. Vous vous demandez sûrement pourquoi cette personne pourtant proche de vous, vous fait ce mal tant redouté. Je peux vous assurer que dès les premiers instants de moquerie, la personne en question regrette immédiatement ces paroles. Lors de conflits, deux personnes ne se trouvent plus sur la même longueur d'onde et très souvent, l'objectif est de blesser la personne en face. C'est une manière de soulager nos blessures. De déstabiliser notre interlocuteur. Malheureusement, le bégaiement sera la première source de moquerie. Une fois que le point douloureux est trouvé, il est facile de blesser une personne.

Pendant l'enfance, les enfants veulent se valoriser et faire rire les autres. Ils vont utiliser les faiblesses des enfants en difficultés afin de faire rire. Il vous est surement déjà arrivé de devoir réciter une poésie devant une classe entière, ou de devoir chanter une chanson en classe de musique. Lorsque tous les regards sont posés sur vous, vous savez pertinemment que tout le monde va vous écouter avec attention.

Viens à nous alors une boule de feu de plus en plus grande dans notre ventre. Une sensation de mal être s'incruste en nous. De nombreuses questions nous viennent alors à l'esprit : « et si je n'arrive pas à parler ? » « et si je bloque, que vont dire mes camarades de classe ? », « vais-je avoir une bonne note tout de même ? ».

« mes amis vont-ils continuer à me parler ? ». Malheureusement, très souvent, l'oral devient catastrophique et des sourires moqueurs, des moqueries, des imitations se font apercevoir. Il est très douloureux de voir et de subir toutes ces remarques qui nous dévalorisent. Il existe un mal-être inexplicable, indescriptible en nous. Je me suis très souvent demandé si ces personnes se moquaient derrière mon dos. Si mes amis n'avaient pas honte de moi. Si on ne me pointait pas du doigt. Sûrement.

Mais j'ai compris une chose : La période d'enfance à adolescence est compliquée. La première opportunité qui se présentera pour se moquer de vous sera saisie. Vous devez être plus fort que toutes ces personnes immatures qui ne comprennent pas encore que vous avez une particularité qui vous rend unique et magnifique. Le bégaiement ne vous définit pas. Vous bégayez mais ce n'est pas écrit sur votre front. Vous êtes bien plus qu'un bégaiement. La tolérance n'est pas présente de partout. Or, toi qui possèdes cette particularité et vous merveilleux parents, soyez tolérants. Acceptez le fait qu'on puisse se moquer. Un monde sans moqueries n'existe pas. Prenez du recul, et continuez votre chemin.

Ne pas se sentir visé à chaque occasion

Très souvent, sans nous en rendre compte, nous pensons que tout nous est rattaché. Par exemple, je marche dans la rue en étant au téléphone avec un membre de ma famille. Je bégaye au téléphone. Et soudainement, une personne va rire en me regardant en même temps. Je vais supposer que l'on se moque de moi. Le reste de la journée, je vais douter de moi. Je vais me demander ce qu'il y a de drôle dans le fait de bégayer. Tout ce cercle vicieux seulement du fait d'une supposition. Ne faites pas de supposition. On peut se faire des films toute la journée, toutes les semaines, toute la vie et passer à côté de la valeur des choses. Cessez de vous sentir visé à chaque occasion.

Pensez de la même manière pour toutes les expériences déstabilisantes qui vont vous arriver. Les moqueries seront toujours présentes, mais pas de façon majoritaire. Imaginons, vous faites un oral et vous avez du mal à vous exprimer. Vous remarquez un élève qui fronce les sourcils. Au lieu de directement penser que celui-ci se moque de vous, dites-vous que c'est sa manière d'essayer de vous écouter attentivement. Si un second élève se met à sourire, ce n'est pas obligatoirement signe de moquerie. Peut-être à t-il reçu un message sur son portable qui le fait rire. Oui, vous bégayez. Oui, c'est compliqué à gérer. Oui, cela évoque des questionnements de votre part. Mais en aucun cas cela vous positionne dans une case. En aucun cas vous allez être bannis de votre école, de votre faculté, de votre groupe d'amis.

Parlez, chantez, criez, bégayez, exprimez-vous. Mais ne vous interdisez jamais de parler. Cela serait donner raison au bégaiement. Vous devez être ami avec votre bégaiement, et non son ennemi. Un ami accepte vos qualités, vos défauts tout comme vos particularités. C'est la même chose entre vous et le bégaiement. Soyez ami avec le bégaiement. Acceptez sa particularité. En retour, le bégaiement acceptera votre tolérance envers lui. Ensemble, vous allez trouver un terrain d'entente afin de vous reconnecter à votre bien être.

Le bégaiement ne doit pas être le centre de votre monde. Il est présent et vous le savez. Si vous êtes dans « un mauvais jour » et que vous allez avoir du mal à parler, acceptez-le. Ne lui accordez pas d'importance. Vous savez que le bégaiement est imprévisible. À quoi bon vous demander si vous allez réussir à parler ? Préservez votre énergie à contrôler votre rythme de parole, votre fluence, à la place de vous faire des suppositions.

Faire du bégaiement un atout

La vie m'a apporté une particularité peu commune. Alors je vais trouver toutes les ressources nécessaires pour en faire un atout, une force, un pouvoir. J'ai effectivement des souvenirs douloureux liés à mon bégaiement. Cela fait partie de la vie. Néanmoins, j'ai cette énorme chance de pouvoir construire mon futur. Je ne veux pas qu'il ressemble à mon passé, mais je veux me servir de ses leçons, de ses souvenirs, pour bâtir un meilleur avenir avec mon bégaiement. Je prends du recul face aux oraux catastrophiques que j'ai pu avoir. Je garde seulement le positif. Oui j'ai énormément bégayé, mais je l'ai fait et j'en suis fière. C'est encore une victoire de plus pour moi. Toutes les personnes qui se moquent, c'est leur problème. Cela leur appartient. Je n'y prête plus attention.

La puissance du "self love"

Le seul endroit où l'on est sûr de rester toute notre vie est notre corps. Alors soyez bien dans votre corps. Aimez-vous. Admirez-vous, vous en avez le droit. Qui vous en empêche ? Seulement vous. Si vous ne vous complimentez pas, qui le fera à votre place ? Autorisez-vous à vous aimer. C'est le principe du « self love ». Il y a un exercice très facile à faire pour ceux qui ne s'acceptent pas. C'est l'exercice du miroir. Mettez-vous face à un miroir et regardez-vous, parlez-vous. C'est à ce moment précis que votre corps sera en phase avec votre âme. Vous ne vous rendez pas compte de l'impact que cela peut apporter dans votre vie : « s'aimer soi-même est le début d'une histoire d'amour qui dure toute une vie ».

Il m'arrive de me regarder dans le miroir et de me parler. A ce moment-là, aucun contrôle de rythme de parole ou de fluence n'est présent. Il y a seulement mon regard, ma parole ainsi que mon visage. Je m'observe parler. Je remarque qu'il peut m'arriver de cligner des yeux, de courber ma bouche, de postillonner. Je contemple tous les traits de mon visage. Je souris car je suis heureuse. Je suis fière de la personne que je suis devenue. Toutes ces expressions faciales qui peuvent se décrire sur mon visage sont les bienvenues, je ne les rejette pas. Je les accepte. Elles font parties de moi. Tout comme le bégaiement qui fait partie de moi. Mais il ne me définit pas.

Je vous incite vraiment à essayer cet exercice. Vos premières expériences face au miroir seront sûrement émotionnellement compliquées et intenses. Vous allez peut-être même vouloir baisser votre regard par peur de réaliser qui et comment vous êtes. N'abandonnez pas. Continuez, persévérez. Assumez-vous. Acceptez-vous. Aimez-vous. Que vous bégayiez, que vous cligniez des yeux, que vous courbiez votre bouche ou que vous possédiez d'autres expressions faciales ou corporelles, vous êtes une merveilleuse personne. Personne n'a le droit de vous faire penser le contraire. Je vous assure, une fois que vous prendrez conscience de cette expérience fondamentale, votre vie va changer.

Vous serez même peut être prêt à entamer une session de thérapie chez un / une orthophoniste. Sans le savoir, vous allez entamer le chemin de l'acceptation et du bonheur. Vous êtes courageux et j'en suis déjà admirative.

« Le bégaiement c'est un peu
comme le super boss final d'un jeu vidéo.
Vous lui assénez un coup il vous en rend le double.

Plus on veut faire passer les mots en force
«en défonçant la porte», plus le bégaiement s'accentue.

Ça ne sert à rien de lutter...

La meilleure manière de l'affronter
c'est de casser la distance avec lui,
de s'en rapprocher, de le regarder droit dans les yeux,
de déconstruire les peurs qui l'alimentent,
de le chérir, de l'aimer...
c'est un cheminement d'acceptation de soi »

(Témoignage anonyme)

Le contexte sanitaire actuel

Aujourd'hui, il est obligatoire de porter un masque en classe. Le masque cache une grosse partie du visage. L'expression des émotions est difficilement perceptible. Et le seul moyen de communication que l'on possède est sous le masque.

Lorsque l'on bégaye, nous accordons une importance à l'expression de notre visage. L'interlocuteur peut voir sur la base des traits de notre visage la difficulté que l'on a à parler. Il peut essayer de lire sur nos lèvres le mot qui ne veut pas sortir. En quelque sorte, notre visage est la preuve de notre bégaiement. Seulement avec le masque, notre bégaiement devient caché. La personne en face de nous va avoir du mal à voir l'expression de nos émotions. Le masque cache toute preuve du bégaiement.

Si nous n'arrivons pas à sortir un mot, personne ne peut le remarquer sur le visage, seul un blanc sera présent dans la pièce. Les personnes ne connaissant pas le bégaiement, pourront se demander ce qui se passe. Je ne tiens absolument pas à critiquer le port du masque, je tiens seulement à faire remarquer les difficultés naissantes qu'il faut prendre en compte dans le domaine de l'enseignement ainsi que dans le monde du travail. Penser à des aménagements, ou simplement comprendre ce que vis la personne en difficulté permettra de la rendre en confiance et d'améliorer ces prestations. Il est alors fondamental de créer de la compréhension envers le bégaiement afin que la population encore non consciente de ce trouble comprenne ces aspects. Peu importe la particularité de chacun, tout le monde à sa place sur terre : le bégaiement n'est pas la raison d'un refus pour un entretien d'embauche ou de notes moyennes pour manque de fluence.

Si seulement c'était aussi facile...

Lorsque je bégaye, il est fréquent que les nouvelles connaissances autour de moi soient étonnées de m'entendre parler de cette façon. Ne connaissant pas le bégaiement, il m'est déjà arrivé que l'on me questionne dessus : «pourquoi ça t'arrive ?» «Tu n'arrives pas à contrôler les mots qui sortent de ta bouche ?» Et tout simplement, je réponds avec un grand sourire que je ne sais pas pourquoi je bégaye, mais que c'est comme ça et que je vis bien avec ce bégaiement.

Mais, il m'est aussi arrivé d'entendre des remarques comme :

> « mais regarde des vidéos YouTube, il explique comment ne plus bégayer en 3 étapes »

Si seulement c'était aussi facile. Il existe effectivement des vidéos YouTube, des liens internet avec des personnes très bienveillantes (souvent des anciens bègues) qui veulent aider ceux qui bégaient. Je remercie toutes ces personnes qui souhaitent contribuer au bien-être des autres. Cependant, les conseils, les avis que l'on peut lire ou entendre ne sont pas les méthodes ultimes. Cela ne marche pas pour tout le monde. Ne pensez pas que le bégaiement est aussi simple «à guérir» ou bien qu'il «se guérît». Chacun à sa propre histoire, son propre chemin de vie et ses propres méthodes.

Proposition adaptation

Le bégaiement encore peu connu dans l'enseignement, peut apporter des difficultés.

Souvent, il y a des points attribués à la fluence aux examens oraux. Le bégaiement étant quelque fois inconnu aux yeux des enseignants, ils ne savent pas de quelle façon nous noter. Ce qui est complètement compréhensible car il n'y a aucun papier, certificat stipulant comment noter des personnes bègues. Dans la plupart des cas, cela se fait par un «contrat» entre l'élève et l'enseignant.

Durant ma scolarité, j'ai toujours eu des enseignants tolérants et très à l'écoute de mes attentes, et, j'espère que ceux qui me lisent, seront tout aussi indulgents. Grâce cette indulgence et à la compréhension de mes enseignants, j'ai pu remarquer une progression lors de mes oraux.

J'aimerais apporter des idées d'aménagement que j'ai proposé (à l'université) et qui m'ont aidé certaines fois :

1) Lors d'une présentation orale avec un diaporama, ne pas seulement écrire des mots-clés mais une ou deux phrases bilan afin que les jurys/enseignants puissent voir le fin mot de votre idée si vous n'arrivez pas à vous exprimer.

2) Possibilité d'enregistrer sa voix en amont sur un diaporama de présentation ; si le jour J vous n'arrivez pas à transmettre votre idée clairement, vous n'aurez plus qu'à faire écouter votre enregistrement.

Ensemble, trouvons un chemin d'entente et serrons-nous les coudes.

Comment réagir ?

On me demande souvent de quelle manière il faut se comporter avec moi lorsque je n'arrive pas à sortir un mot.

Il n'y a pas une façon particulière pour se comporter face à une personne qui bégaie. Soyez simplement compréhensif. Accordez le temps à la personne en face de vous. Ne baissez pas le regard. Soyez attentif à ce que la personne essaye de vous dire. Souriez-lui.

Chaque personne qui bégaie à son propre ressenti. N'hésitez pas à lui demander comment vous pouvez l'aider.

Personnellement, cela ne me dérange pas qu'un interlocuteur prononce le mot que je n'arrive pas à dire. D'autres ne sont pas confortables avec cette idée. Peu importe la situation, montrez à la personne qui bégaie que vous êtes là. Que vous ne partirez pas et que vous l'écouterez avec plaisir et avec attention. Il n'y a rien de plus plaisant et de plus réconfortant que ça. Soyez là, vivez le moment présent, souriez, écoutez. C'est la plus belle chose que vous pourriez faire.

2ème partie

Une sensibilisation au bégaiement

Ayant eu seulement l'avis et le regard de mes proches, ma curiosité voulait aller plus loin. J'étais curieuse et impatiente de savoir ce que d'autres familles pensaient de cette particularité. Cette partie de mon témoignage a pour but de sensibiliser les parents, les proches, les ami(e)s, les professeurs, et bien d'autres personnes qui côtoient des personnes qui bégayent.

Il n'y a pas assez de sensibilisation sur le bégaiement. Lorsque les parents font soudainement face à ce phénomène, ils ne savent pas comment le gérer. Ils se sentent seuls face à cette nouveauté et ne savent pas vraiment à qui en parler. Souvent, vous pensez que c'est seulement passager et que le bégaiement va disparaitre tout seul. C'est le cas, mais pas pour tout le monde. Vous ne comprenez pas pourquoi soudainement votre enfant «n'arrive plus à parler». Vous devez sans doute vous poser des questions, vous remettre en question, et vous demander si cela est de votre faute. Si dans le passé, vous avez commis un geste, une remarque blessante ou si une situation traumatique a eu lieu. Etant parents, vous voulez le meilleur pour votre enfant. Automatiquement, vous allez ressentir de l'empathie lorsque celui-ci va bégayer face à des ami(e)s, ou à l'école…Vous vous demandez surement si votre enfant est heureux, si il n'est pas attristé par les moqueries qu'il pourrait subir. Peut-être apportez-vous beaucoup d'importance aux regards extérieurs. Vous ne voulez pas que votre enfant bégaye à table, face à des ami(e)s, pour ne pas ressentir la tristesse ou le malaise que celui-ci pourra ressentir. Sûrement avez-vous déjà terminé les phrases de votre enfant lorsqu'il n'arrivait pas à parler face à un groupe de personnes. Vous le faites par bienveillance, pour son bien, pour lui éviter toute souffrance car vous aimez votre enfant. Même si ce n'est peut-être pas la meilleure façon de faire. Mais c'est une très belle preuve d'amour de votre part. C'est beau. Je vous en félicite.

Vous vous êtes sûrement déjà demandé si ces personnes avaient honte de votre enfant. Peut-être avez-vous déjà eu honte inconsciemment aussi. Vous voulez que votre enfant soit le meilleur, le plus beau...Vous voulez qu'il soit parfait aux yeux des autres. Or, arrive un jour ce bégaiement qui modifie tous les plans. Ce bégaiement qui est très rapidement perceptible aux yeux des autres. Nous savons tous que la parole est une clé pour une communication extérieure. La période de l'enfance et de l'adolescence est une période où on se fait des amis, où l'on recherche avec qui on peut bien s'entendre. C'est aussi une période où le regard compte énormément car on veut montrer la plus belle image de soi. Il peut arriver que les enfants qui bégayent ne trouvent pas leur place dans les groupes d'enfants. Ils ne veulent pas parler afin de cacher leur bégaiement. Cela apporte par la suite un renfermement et une solitude. Cela m'est arrivé. Je comprends la peur et l'inquiétude des parents lorsqu'ils s'en aperçoivent. Mais j'aimerais vous dire aujourd'hui : oui, j'ai subi des regards moqueurs. Oui, j'ai beaucoup pleuré. Oui, je me suis demandé si je pourrai reparler normalement un jour. Oui, j'ai déjà eu honte de moi. Oui, je me suis renfermée sur moi-même. Mais tout cela est du passé. Il faut se concentrer sur le futur. C'est avec l'aide du passé qu'on peut bâtir des piliers assez stables pour notre avenir. Ce que je peux vous dire avec certitude c'est qu'aujourd'hui, je suis comblée de bonheur. Je suis heureuse d'être la personne que je suis. Je me regarde dans la glace de temps en temps et je me dis ces trois mots si compliqué à dire mais si puissant en même temps « je t'aime Cilia ». Oui je m'aime. Je suis fière de tout ce que j'ai vécu, subi et de toutes les périodes d'inquiétudes et d'incertitudes que j'ai pu avoir. Mon passé m'a énormément apporté afin de devenir la personne que je suis aujourd'hui.

J'aimerais vous rassurer, vous parents, qui êtes si inquiets pour votre enfant. Vous êtes de merveilleux parents, comme votre enfant qui est un enfant formidable. Celui-ci n'est ni bizarre, ni handicapé, ni source de honte. Votre enfant possède seulement une particularité. Aidez votre enfant à faire du bégaiement une force. Cela ne pourra lui apporter que du positif. Une détermination et une volonté sans failles.

Pour terminer, je voudrais vous affirmer que le bégaiement de votre enfant n'est pas à cacher. Ce n'est pas une honte. Ce n'est pas non plus de votre faute s'il bégaye. Mais vous avez les clés pour lui apporter tout le soutien dont il a besoin. Votre comportement, vos actes, vos regards et vos paroles seront déterminants. Parlez avec votre enfant pour savoir ce qu'il ressent. Demandez-lui si votre façon de se comporter lorsqu'il bégaye lui convient. Parlez aussi de ce que vous ressentez. Il faut communiquer. Celui-ci se demande surement ce que vous pensez de lui. Il a besoin de savoir que vous l'aimez même à travers sa particularité. Et vous, vous avez besoin de savoir comment celui-ci se sent. ENSEMBLE, vous allez pouvoir vous entraider pour avancer sur le chemin du bégaiement.

J'ai interrogé des acteurs et des spectateurs du bégaiement. Toutes ces expériences m'ont énormément touchée et apporté. Pour la première fois dans ma vie, je ne me sentais plus seule avec ce bégaiement. Je me sentais comprise, écoutée. Je vous invite vous parents, professeurs, grands-parents, cousins cousines, ami(e)s proches…, et toi la merveilleuse personne que tu es qui bégaye, de partager vos ressentis autour de vous. Il est fondamental de créer de la compréhension et une sensibilisation envers le bégaiement. Il faut normaliser le bégaiement.

Le fait de parler, de communiquer, de se confier peut énormément vous apporter mais apportera beaucoup à toutes ces personnes encore dans le flou du bégaiement. Le bégaiement n'est pas à cacher. Il est justement à mettre en valeur. Je tiens à dire un grand BRAVO à toutes ces personnes qui bégayent et qui continuent malgré toutes les difficultés que la vie peut apporter, leurs chemins de vie. Vous êtes des battants, des vainqueurs. Vous êtes un soleil qui ne cessera de rayonner de plus en plus fort.

J'ai eu cette grande chance de pouvoir rencontrer des spectateurs du bégaiement. J'ai pu leur poser toutes les questions que je me posais personnellement aussi. C'était une expérience très enrichissante, émotionnellement forte, touchante, émouvante. A travers ces témoignages, j'ai ressenti le bien que cela apporte de pouvoir parler du bégaiement. Pas seulement de mon côté, mais aussi du côté des parents et des proches.

Le bégaiement est encore trop tabou alors qu'il n'a pas à l'être.

Témoignage 1* des parents qui ont un enfant qui bégaye depuis son enfance.

- *Quel était votre ressenti lorsque votre fils bégayait devant la famille ou en public ? Comment le viviez-vous ?*

« J'aurais voulu lui donner du courage, mais ça n'a jamais été une honte ».

« J'aurais aimé l'aider à ne pas subir le regard des gens qui le voyait bégayer ».

« J'essaye de le regarder pour qu'il puisse puiser son énergie dans mon regard ».

- *Quel regard portez-vous sur votre fils lorsqu'il était petit ? Avez-vous eu peur pour son avenir ?*

« Pas du tout, jamais »

« Ce n'a jamais été une inquiétude car je connais des personnes qui bégaient et qui ont des bonnes situations. Cela n'a jamais était un blocage ».

- *Est-ce que lorsque vous pensez à votre fils vous pensez directement au mot bégaiement ?*

« Pas du tout »

« Est ce qu'une personne qui bégaye est seulement synonyme de bégaiement ? Non ».

« Lorsqu'on voit un acteur qui bégaye, on ne voit pas son bégaiement, mais sa prestation ».

*= Les témoignages sont retranscrits tels quels

- **Pensez-vous qu'il est possible de vivre sereinement avec le bégaiement ? D'enfant à adultes ?**

« Il y a une tranche d'âge où quelque part ça te gêne, c'est la période enfance adolescence. Tu le vois, tu rencontres des enfants et tu subis des regards, de la méconnaissance. Il y a toute une période où tu subis ça. Après, tu rentres dans un chemin de vie qu'est la tienne avec tes amies, ton statut d'adulte, tes certitudes, tes connaissances et ça devient plus une difficulté ou un problème. Ça fait partie de toi, c'est tout. Sereinement toute ta vie, non. Mais lorsque tu es sur ton chemin, et il n'y a plus de raison que le bégaiement soit une difficulté. Les gens voient les choses autrement lorsqu'on devient adulte ».

- **Si vous pouviez définir le bégaiement avec vos mots, comment le définiriez-vous ?**

« Je n'aime pas le mot handicap, je ne l'associerais pas au mot handicap et encore moins à une maladie. J'associe le bégaiement à un manque de confiance en soi ».

« Une difficulté émotionnelle à s'exprimer ».

- **Quel message voudrait vous faire passer à tous ceux qui bégayent ?**

« Persévère et subi pas le regard des autres ».

« Suis ton chemin, garde confiance et n'écoute pas les bruits à côté ».

« Cela n'empêche pas d'aller au cinéma, de faire des choses. Il y a juste des difficultés à parler en moment de stress, ça n'empêche pas de vivre ».

- **Pensez-vous que l'on devrait plus sensibiliser les écoles, les parents sur le bégaiement ?**

« Oui sans hésitation. Il y a encore trop de moqueries, de regards. Il faut accepter les différences. Il faut être tolérant et accepter les autres ».

🗣 **Pensez-vous que le bégaiement peut devenir une force pour notre futur ?**

« Oui car il y a un dépassement de soi. Il y a énormément de courage de par les personnes qui bégayent ».

🗣 **Si vous deviez donner une image au mot « bégaiement», que voyez-vous ?**

« Des variations de son. Comme si le micro se coupe et qu'on met sur pause"

« Je n'ai pas forcement une image à associer au mot bégaiement mais à un mot : une pause ».

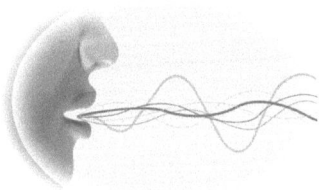

Témoignage 2* d'une sœur (orthophoniste) qui a son frère qui bégaye depuis son enfance.

🗣 **Quel était ton ressenti lorsque ton frère bégayait devant la famille ou en public ? Comment le vivais-tu ?**

« Pour moi c'était normal, c'est mon petit frère et il bégayait, c'était ainsi. Je ressentais de la tristesse pour lui ; surtout lorsque j'entendais des histoires avec des professeurs qui se comportaient très mal avec lui dû à son bégaiement.
C'est à partir de ce moment que j'ai compris que le bégaiement pouvait aussi devenir « un problème», et ça m'embêtait beaucoup.

*= Les témoignages sont retranscrits tels quels

Maintenant que nous sommes adultes, il y a des moments où il va avoir des moments de bégaiement et d'autres un peu moins. Et je sais que si on attend paisiblement, qu'on ne fuit pas son regard, et qu'on continue à l'écouter, que le reste de la phrase viendra par elle-même.

Je trouve cela très courageux de sa part de continuer à s'exprimer librement en public malgré son bégaiement. Dans le domaine professionnel, il a des vidéo-conférences, des appels téléphoniques et il a su grimper des échelons. Malgré son bégaiement, il continue à faire ce qu'il a à faire !

C'est pour toutes ces raisons que je suis tellement fière de mon petit frère. Et en tant qu'orthophoniste, il est un bel exemple !»

❧ Quel regard portais-tu sur ton frère lorsqu'il était petit ? As-tu eu peur pour son avenir ?

« J'ai eu des moments de doute lorsque je remarquai que des personnes pouvaient aussi mal se comporter vis-à-vis du bégaiement. Mais je ne me suis pas vraiment inquiétée car il a toujours continué à vivre et à faire ce qu'il voulait malgré son bégaiement. Cela ne l'a pas empêché d'avoir des amis et des relations amoureuses ».

Penses-tu directement au bégaiement lorsque tu penses à ton frère ?

« Non ! Je ne pense jamais au bégaiement lorsque je pense à lui.

Cependant pendant mon travail d'orthophoniste, il m'arrive de penser à lui car j'ai grandi avec lui et avec le bégaiement ».

❧ Penses-tu qu'il est possible de vivre sereinement avec le bégaiement ? D'enfant à adultes ?

« Cela sera certes compliqué. Je pense que la personne qui bégaye doit essayer de faire la paix avec son bégaiement. Le bégaiement n'est pas grave, il fait partie de la vie.

La raison pour laquelle le bégaiement peut devenir un problème, est que la société veut toujours faire les choses vite, veut toujours aller plus vite. Les personnes veulent tout de suite recevoir leur colis, veulent tout de suite avoir des réponses à des mails. La patience se perd. Les personnes qui bégayent ne vont pas assez vite pour leurs interlocuteurs qui eux veulent que le mot sorte beaucoup plus vite. C'est à ces moments que la personne qui bégaye va avoir beaucoup de mal avec la situation et cela va devenir compliqué à parler.

Or, si la personne indique calmement avec confiance qu'elle a besoin de plus de temps pour parler, je pense qu'il deviendra aussi plus facile et plus naturel pour l'auditeur d'attendre calmement la réponse. Je pense vraiment qu'une vie satisfaisante avec le bégaiement est tout à fait possible ».

♦ Si tu pouvais définir le bégaiement aujourd'hui, comment le définirais-tu ?

« *Je trouve cela difficile à décrire, même en tant qu'orthophoniste. Il y a tellement de « types de bégaiement » différents … La manière de bégayer dépend des personnes (bègues) elles-mêmes et cela dépend aussi des situations, de l'environnement, des personnes, de la formation du groupe de personnes, parfois même de l'heure de la journée, de la santé et…Je ne peux pas résumer le bégaiement en une seule description.*

J'ai rapidement entrée « bégaiement» sur Google et j'ai lu :

- C'est un problème complexe

- Problème de coordination neuromusculaire et de synchronisation

- Perte de contrôle sur la parole

- Perturbation du développement de la parole

- Problème de programmation

L'accent est mis sur quelque chose de négatif. Donc, quiconque qui veut lire ce qu'est le bégaiement a immédiatement une impression négative, qu'ils soient parents d'enfants qui bégaient, enseignants, amis de bègues ou bègues eux-mêmes. L'impression que cela donne est comme si le bégaiement est quelque chose de mal. Il y a immédiatement une connotation négative ».

❦ Quel message voudrais-tu faire passer à tous ceux qui bégayent ?

« Restez comme vous êtes. Continuez de parler, ne vous retirez pas, mais forcez-vous plutôt à tendre la main et à montrer que vous avez quelque chose à dire, même si vous bégayez ...

Dites aux autres ce que vous ressentez lorsque les gens réagissent mal face à votre bégaiement, et comment ils peuvent vous aider à parler : ce qui vous fait du bien et ce qui vous semble désagréable.

Si vous êtes ouvert à la communication, si vous montrez que vous pouvez gérer le bégaiement et que vous acceptez la façon dont vous parlez... alors les personnes en face de vous auront immédiatement moins de problèmes avec cela et seront en mesure d'accepter davantage le bégaiement ».

Penses-tu que l'on devrait plus sensibiliser les écoles, les parents sur le bégaiement ?

« Je pense qu'il est important que tout le monde sache ce qu'est le bégaiement et comment y faire face.

Je pense que les brochures d'information dans les écoles, les cabinets de médecin, les centres aéré, les coiffeurs, et... auront du sens. (et les magazines spécialisés pour les enseignants peuvent également être une bonne idée) ».

❦ Penses-tu que le bégaiement peut devenir une force pour le futur de ceux qui bégayent ?

« Sans aucun doute !

Je pense que les enfants et les jeunes qui bégaient qui ont appris à accepter leur bégaiement et le voie de façon positive, peuvent en bénéficier tout au long de leur vie. Si, malgré leur bégaiement, ils constatent qu'ils sont capables de communiquer avec tout le monde, qu'ils sont acceptés tels qu'ils sont, cela pourrait leur apporter confiance en eux. Parfois, ils ne seront pas acceptés ou auront des confrontations, mais de tels revers peuvent aussi les rendre plus fort … !

Bien sûr, c'est plus facile et simple de l'écrire. Dans la vraie vie, ce n'est probablement pas toujours aussi facile pour les personnes qui bégaient … mais je pense que c'est possible, que le bégaiement (et les expériences qu'ils font dans leur vie à travers le bégaiement) pourrait responsabiliser les gens ! "

✤ **Si tu dois donner une image au mot « bégaiement», que vois-tu ?**

« Je vois deux personnes qui communiquent. Je ne vois pas vraiment d'image spécifique devant moi avec le mot bégaiement.

Parce que je suis orthophoniste, j'ai naturellement un sentiment différent sur le mot bégaiement.

Je vois plutôt des gens qui bégaient, des gens que je connais, des gens avec qui j'ai travaillé dans ma profession. Je pense à mon frère. Et le tout dans un contexte positif ».

Après avoir eu ces témoignages intenses et touchants, mon envie de découvrir le bégaiement est allée plus loin. Je voulais voir comment les personnes actrices de ce bégaiement vivaient. Si ces belles personnes pouvaient m'apporter des conseils grâce à leur vécu. J'ai eu cette grande chance de pouvoir rencontrer des personnes « acteur / actrices » du bégaiement qui m'ont beaucoup apporté dans mon chemin de vie du bégaiement. Je suis très reconnaissante aujourd'hui de pouvoir vous faire part de leurs témoignages.

Témoignage 1*

- **As-tu le même ressenti sur ton bégaiement aujourd'hui que lors de ton passé ?**

« De mes 5 ans à mes 19-20, mon bégaiement était un immense complexe, ma plus grande faiblesse. J'ai toujours essayé de le camoufler aux yeux des autres, jusqu'à y arriver réellement au moyen de techniques de contact doux, de contournement verbal, de mots d'appui etc.

Comme l'a dit un jour un participant lors d'un groupe de parole, accepter son bégaiement est le défi d'une vie. Donc je dirais qu'aujourd'hui je suis sur ce chemin. J'ai un regard bienveillant sur mon bégaiement. Je me suis désensibilisé progressivement et j'assume de plus en plus cette particularité ».

- **Si tu pouvais refaire ton passé, choisirais-tu de toujours bégayer ?**

« Oui ! Sans hésiter. Je souhaite sincèrement à chaque personne bègue de répondre oui à cette question ».

- **Est-ce que ça a été un impact dans ta vie ?**

« Oui ! Gigantesque !

*= Les témoignages sont retranscrits tels quels

Le bégaiement a d'abord eu un impact négatif sur ma personnalité étant enfant, faute d'avoir les clés pour vivre avec. Bégayer c'est être fatigué en permanence, dépenser une énergie folle, parler en apnée, toujours « être sur la pointe de pieds», en alerte, tendu, contracté. Bégayer c'est aussi subir des moqueries plus ou moins intentionnelles, c'est se retirer, s'isoler, s'enfermer dans l'introversion, refuser de participer en classe, de décrocher le téléphone à la maison, de donner son avis à table. Bégaiement et peur du bégaiement s'alimentent l'un l'autre, on rentre dans un cercle vicieux aux conséquences dévastatrices. Bégayer c'est voir sa confiance en soi s'envoler, c'est être bousculé par ses émotions, c'est être en perte de contrôle permanente. Bégayer c'est un manque de spontanéité, c'est ne pas pouvoir s'imposer dans un groupe, c'est faire ses blagues dans sa tête… Bégayer c'est s'éteindre…

Dans mon cas, bégayer a été un vecteur d'hyper réflexion permanente. Faute de beaucoup parler, j'ai beaucoup pensé, intériorisé. Bégayer c'est privilégié la qualité à la quantité, c'est connaître le poids des mots. J'ai d'ailleurs remarqué chez de nombreuses personnes bègues une justesse dans leur discours et une forte authenticité : tout est aligné.

Grâce au bégaiement, j'apparais au monde différemment. Paradoxalement, le bégaiement m'a « décoincé». Je parle davantage avec les mains. Quand je mime et que je vois dans l'œil de mon interlocuteur qu'il saisit le concept, ça m'aide énormément à sortir le mot.

Le bégaiement a aussi développé mon sens de l'humour. Se glisser dans des personnages, faire le pitre… bref sortir de soi m'a permis de moins bégayer. De nombreux bègues vous diront les bienfaits du théâtre ou de la comédie.

Grâce au bégaiement j'ai développé un goût pour rire de moi. L'auto-dérision est une thérapie extrêmement puissante qui permet d'avancer sur ce long chemin de l'acceptation de soi.

Autres conséquences du bégaiement sur ma personnalité : la persévérance, l'abnégation voire la résilience. Quand on vit avec cette boule au pied, avec ce colocataire envahissant qu'est le bégaiement, on ne baisse pas facilement les bras. Je pense que le bégaiement m'a forgé une vraie force mentale.

Bégayer est aussi une leçon permanente d'humilité. Le bégaiement fluctue au cours des situations, des interlocuteurs, du contexte, bref de la vie. A ce titre, on ne peut jamais se reposer sur ses acquis. Impossible de prendre la grosse tête avec le bégaiement : il nous recadre sans ménagement. Cette humilité est une force qui peut être exploitée et exportée dans d'autres domaines ».

- **Si tu pouvais définir ton bégaiement aujourd'hui, comment le définirai tu ?**

« Masqué mais assumé.

J'ai développé des techniques pour que mon bégaiement soit quasi-invisible aux yeux des autres. Cependant, je cherche moins qu'avant à l'éviter à tout prix. J'essaye au maximum d'utiliser les mots que j'ai en tête même si les automatismes d'évitement sont encore bien ancrés : je les utilise encore beaucoup en situation « à risque» comme durant une prise de parole en public, un appel téléphonique, une première interaction avec un(e) inconnu(e)…».

- **Penses-tu que l'on devrait plus sensibiliser les écoles, les parents sur le bégaiement ?**

« Oui, au même titre que les autres troubles de la parole et du comportement. Le bégaiement a cette particularité qu'il entraine une souffrance extrême souterraine chez celui qui le vit. Le grand public manque de sensibilisation sur cette partie immergée de l'iceberg ».

- **Si tu dois donner une image au mot « bégaiement», que vois-tu.**

« Un iceberg : 10% visible, perceptible par les autres et 90% immergé, invisible aux yeux des autres, source de souffrance intérieure. C'est une image qui revient fréquemment chez les personnes qui bégayent ».

Témoignage 2*

✤ As-tu le même ressenti sur ton bégaiement aujourd'hui que lors de ton passé ?

« Non, je n'ai pas le même ressenti car je sais comment gérer mes conversations, les mots difficiles à prononcer et mes émotions grâce à des petits « tips » et astuces que j'ai trouvé tout seul au fil des années ».

✤ Si tu pouvais refaire ton passé, choisirais-tu de toujours bégayer ?

« Pour ma part, c'est une évidence que non. C'est une réponse difficile à affirmer sans y réfléchir. Sans ces mauvaises expériences que j'ai vécues du fait de mon bégaiement, je ne serai peut être pas aussi tolérant, respectueux des différences de chacun, et savoir encaisser les mauvais coups. Dans la vie, chaque chose, qu'elles soient bonnes ou mauvaises t'apprenne et t'apporte un savoir être / un savoir faire. J'en ai énormément souffert, mais c'est ce qui m'a permis avec l'aide de ma famille et de mes amis, de devenir qui je suis aujourd'hui ».

✤ Est-ce que ça a été un impact dans ta vie ?

« Oui, un impact négatif. Un stress permanent de devoir parler « normalement » face à des situations inconfortables et importantes. Certaines fois jusqu'à m'empêcher de donner mon avis ou d'intervenir face à des personnes même très proches car je ne me sentais pas de parler (nœud à la gorge).

Oui, un impact positif car j'ai beaucoup appris sur le savoir être et le savoir faire ».

✤ Penses-tu que l'on devrait plus sensibiliser les écoles, les parents sur le bégaiement ?

« Les parents, les établissements scolaires et les élèves sont sensibilisés à la dyslexie, dysorthographie, dyscalculie mais pas au bégaiement. Pour moi c'est une chance d'avoir dans son entourage un bègue car on apprend beaucoup en les côtoyant.

*= Les témoignages sont retranscrits tels quels

Alors sensibiliser une école en présence des parents si une personne bègue est dans l'école est primordiale ! Comme sensibiliser une école si un enfant est en fauteuil roulant ».

- As-tu un très bon souvenir dû au bégaiement ? Réussite personnelle…

« *Une réussite due au bégaiement non mais c'est devenu une réussite encore plus savoureuse quand pour le BAC j'ai eu un 16/20 coefficient 8 à un oral ».*

- Si tu devais donner une image au mot « bégaiement», que vois-tu.

« *Pour faire plus ludique je dirais : C'est comme une épine dans le pied, ça gène, ça peut faire mal mais on peut tout de même marcher et avancer sans que les autres ne s'en aperçoivent ».*

Témoignage 3*

🎗 **As-tu le même ressenti sur ton bégaiement aujourd'hui que lors de ton passé ?**

« Non, j'ai beaucoup moins de problèmes avec le bégaiement qu'auparavant ».

🎗 **Si tu pouvais refaire ton passé, choisirais-tu de ne plus bégayer ?**

« Oui, bien sûr que je le ferais. Je pense que j'aurais eu une meilleure enfance. Le bégaiement n'est pas amusant mais il a fait de moi ce que je suis aujourd'hui ».

🎗 **Est-ce que ça a été un impact dans ta vie ?**

« Oui, bien sûr. En tant qu'enfant, j'ai été beaucoup victime d'intimidation et même quand j'étais à l'université, j'avais des commentaires à ce sujet. Cela m'a donné un sentiment d'insécurité dans la première partie de ma vie ».

🎗 **Si tu pouvais définir ton bégaiement aujourd'hui, comment le définirais-tu ?**

« Je ne bégaye plus autant qu'avant, mais je peux encore l'entendre de temps en temps. Surtout quand je suis occupé. J'ai appris à bien le gérer et, si je me concentre bien, je peux parler sans bégayer ».

🎗 **Quel message voudrais-tu faire passer à tous ceux qui bégayent ?**

« Le bégaiement n'est pas une maladie. L'un a les cheveux de telles couleurs, l'autre peut marcher un peu bizarrement et un autre bégaye. Ne vous laissez pas distraire par ce que les autres pourraient penser ».

*= Les témoignages sont retranscrits tels quels

- **Penses-tu que l'on devrait plus sensibiliser les écoles, les parents sur le bégaiement ?**

« Je ne sais pas comment c'est aujourd'hui ; mais je pense effectivement qu'on devrait y prêter plus d'attention ».

- **As-tu un très bon souvenir dû au bégaiement ? Réussite personnelle…**

« Lorsque j'étais à l'université, un enseignant m'a dit de trouver un travail où je n'avais pas besoin de parler. Cela m'a beaucoup blessé. Aujourd'hui j'ai un travail où je ne fais que parler ».

- **Avais-tu peur que cela t'empêche de jouer ton rôle de père.**

« Non, je n'ai pas eu peur de ne pas être assez bon en tant que parent. Heureusement mes enfants ne souffrent pas de bégaiement et dans la pratique je peux tout dire. Et je pense qu'avec le peu de bégaiement que j'ai encore de temps en temps, j'apprends aussi à mes enfants comment réagir devant quelqu'un qui bégaie ».

- **Penses-tu que le bégaiement peut devenir une force pour le futur ?**

« Oui je le pense mais s'il est bien sensibilisé et si on est aidé par de bons conseils. Lorsque vous apprenez à gérer le bégaiement, vous apprenez également à respecter les personnes différentes autour de vous. Mais surtout, on apprend à faire face aux personnes qui ne réagissent pas de la bonne manière. Persévérez ».

- **Si tu dois donner une image au mot « bégaiement», que vois-tu.**

« Un arbre : grâce au bégaiement, j'ai appris à faire des phrases différentes en fonction du temps. De temps à autre, je peux utiliser des synonymes ou bien je reformule ma phrase. Je n'ai jamais su à l'avance à quoi ressemblerait la phrase que je voulais prononcer.

C'est aussi le cas des arbres : chaque arbre est différent et à mi-chemin d'une branche, il y a souvent la possibilité d'accéder à une autre branche ».

Témoignage 4* d'un enseignant

- **As-tu le même ressenti sur ton bégaiement aujourd'hui que lors de ton passé ?**

« Non c'est très différent. J'ai une perception différente du bégaiement aussi bien émotionnellement que personnellement : Aujourd'hui, je suis dans l'amitié avec le bégaiement. Une amitié qui se construit tous les jours ».

- **Si tu pouvais refaire ton passé, choisirais-tu de toujours bégayer ?**

« D'emblée je dirais oui mais la pensée sera injuste : oui car je me suis construit avec le bégaiement mais si je peux vivre sans, pourquoi pas. Ça fait partie de notre être donc sans bégaiement c'est difficile de se l'imaginer ».

- **Est-ce que ça a été un impact dans ta vie ? sur une échelle de 0 à 10.**

« Aujourd'hui tout est à la baisse donc 2/10 mais dans l'enfance 8 ou 9/10. Aujourd'hui cela a une importance moindre. Je me sens bien avec le bégaiement mais cela ne m'empêche pas d'être bègue ».

*= Les témoignages sont retranscrits tels quels

♧ Si tu pouvais définir ton bégaiement aujourd'hui, comment le définirais-tu ?

« *Discret, doux, impermanent. Une cohabitation avec le bégaiement. Une permanence avec le dialogue intérieur : une complicité avec le bégaiement. Une négociation entre le fragment du bégaiement et le tout* ».

♧ Quel message voudrais-tu faire passer à tous ceux qui bégayent ?

« *Continuer de parler, de vivre, de privilégier le sens, le contenant sur le contenu. Toujours garder sa place. Prendre le temps de parler et de réfléchir en toute situation. Laisser le temps pour le parler entre les interlocuteurs et nous* ».

♧ Penses-tu que l'on devrait plus sensibiliser les écoles, les parents sur le bégaiement ?

« *Oui, il ne faut pas le banaliser sur le même type que le handicap, les maladies… Le bégaiement est un symptôme d'un trauma* ».

♧ As-tu un très bon souvenir dû au bégaiement ? Réussite personnelle…

« *Oui des moments et situations qui ont fait rires les personnes autour de moi* ».

♧ Penses-tu que le bégaiement peut devenir une force pour le futur ?

« *Non je ne pense pas. On s'en sert a posteriori car on n'a pas le choix. Ce n'est pas le cas pour tout le monde. Mais c'est un élément de nous-même et on fait avec ou pas. Il faut composer avec ce fragment qu'est le bégaiement* ».

♧ Si tu dois donner une image au mot « bégaiement », que vois-tu.

« *Des cailloux dans la bouche ou bien un cri « j'ai quelque chose à dire ». Ou l'image de soi-même : syncinésie et la crispation sur le visage. Une cohabition tranquille pacifique entre le bégaiement et moi-même.*

Le double de moi-même qui bégaye : moi et mon double qui bégaye (ce qui n'est plus le cas maintenant) mais aujourd'hui une unité. J'ai assimilé le double de moi, ce fragment de moi qui est le bégaiement.

Pour finir, je dirai que la gymnastique des mots et de la pensée a fini par peser plus lourd que le bégaiement ».

Ce que l'on remarque immédiatement à travers ces quatre témoignages, ce sont ces aspects de : **force**, de **courage**, de **détermination**, de **volonté**, de **persévérance** que ces acteurs du bégaiement ont développé. La faiblesse que le bégaiement a pu leur apporter s'est transformée en force. Certes le bégaiement est perturbant, déstabilisant, stressant, angoissant. Mais il n'empêche pas d'avoir une réussite personnelle. Justement, l'impact négatif que le bégaiement a pu apporter, accentue la force de vie de chaque personne qui bégaie. Seulement, cette force de vie s'obtient de manières différentes. Le vécu du bégaiement n'a pas été facile, encore moins pour certains. Il est vraiment impératif de sensibiliser le bégaiement pour éviter des souffrances futures. Ce rôle de sensibilisation a pour but d'apporter des conseils / des tips aux professeurs, aux parents, aux grands-parents, aux parents extérieurs au bégaiement et à tout le reste de la population. Ces petits efforts de quelques minutes expliquant ce qu'est le bégaiement et comment se comporter lorsqu'on y fait face, peut littéralement modifier les souvenirs ainsi que la vie future de ceux qui bégayent. Je pense vraiment qu'il est nécessaire d'éclairer la population au sujet de la notion de bégaiement et ce qu'il en découle. Vous spectateur du bégaiement, fermez les yeux et imaginez-vous être face à votre patron. Imaginez-vous vouloir lui dire quelque chose de très important. Vous avez la phrase en tête. Or, aucun son ne sort. Vous n'arrivez pas à parler et vous ne savez pas pourquoi. A ce moment, votre patron vous dévisage. Ensuite, vous utilisez des mots d'accroches tels que « euh » ou « comment dire » (et bien d'autres encore) afin de vous lancer à parler. Par la suite, dû au stress, vous butez sur certains mots. Votre patron vous regarde avec un sourire en coin et commence à vous dire « calme toi », « déstresse » ou bien « respire un bon coup ». Seulement, vous ne savez pas pourquoi aucun son ne sort de votre bouche. Encore moins pourquoi lorsque enfin un mot sort, celui-ci se bloque. Alors vous ne comprenez pas que votre patron vous fasse ces remarques, car vous savez pertinemment que ce ne sont pas ces commentaires que vous voulez entendre. Vous voudriez que votre patron prenne le temps de vous écouter et qu'il soit bienveillant à votre égard. Vous ressentez donc un sentiment d'infériorité, de tristesse, d'injustice, d'échec. Ces sentiments ont un effet de poignard dans votre cœur. Maintenant, imaginez-vous être face à un enfant, un adolescent, un adulte. Comment allez-vous vous comporter ? Vous avez la possibilité d'inciter de la compréhension et de la bienveillance face à ces acteurs. Aidez-les. Regardez-les. Ecoutez- les. Soyez tolérant. Acceptez la différence. Vous pouvez être la source de bonheur ou de souffrance…

Je suis consciente que même avec toute la volonté du monde, il est quelques fois compliqué de se comporter de la bonne façon. Le bégaiement est peu commun. Une fois que l'on est face à une personne qui bégaye, il est difficile de savoir comment se comporter : « quoi dire ? Faut-il baisser le regard ? Faut-il dire le mot à sa place ?» Il est légitime de se poser ces questions.

Ayant vécu des situations de bégaiement intense avec des proches, je leur ai demandé comment ils avaient vécu ces moments-là. J'avais besoin de comprendre, de savoir comment ils se sentaient.

La question était la suivante :

« Il m'est arrivé d'avoir des moments intenses de bégaiement lors d'événements à tes cotés. Particulièrement, lors d'un oral. Comment te sentais-tu à ce moment-là ? A quoi pensais-tu ? C'est une question large, toutes pensées sont les bienvenues.

Témoignage 1*

« Par rapport à comment tu parles ou combien de temps ça peut te prendre, ça ne change absolument rien. Mais, le fait d'être dans une situation qui te mette mal à l'aise, fait que ce n'est plus sur toi que je suis concentrée. Peut-être pas de manière consciente au début, mais maintenant oui. Je lis la salle, le groupe, je regarde les gens dans les yeux. J'essaye de voir si tout le monde comprends ce que tu dis, et si ce n'est pas le cas, je me demande pourquoi ? Est-ce que c'est parce que tu bégayes et ils n'ont pas l'habitude (à ce moment-là pas de soucis), qu'ils n'essayent pas (ils peuvent aller se faire ***) ou que c'est un moment / un enchaînement où tu peines plus.

*= Les témoignages sont retranscrits tels quels

Dans la dernière circonstance je stresse un peu. Pas en mode grosse sueur sur le front comme quand je dois désactiver une bombe dans un film, mais j'ai le mode « maman » qui s'active. Est-ce qu'elle va y arriver, est-ce que je peux faire quelque chose pour aider, faudrait-il que je la laisse se dépêtrer toute seule, ou lui souffler le mot pour pouvoir continuer, ou même juste un petit câlin ? Donc ça c'est le pendant. Mais il y a aussi des pensées en amont et en aval de la situation. Si je traîne avec toi avant et/ou après, j'essaye de te rassurer, ou de t'aider à te calmer si c'est ce dont tu as besoin. Que ce soit avec des blagues, ou te dire que non, vraiment, ce n'était pas pire, ou te montrer les points importants que tu as bien abordés ».

Témoignage 2*

« Quand il t'arrivait des moments intenses de bégaiement pendant une discussion, généralement je cherchais ce que tu essayais de dire, pour t'aider à avancer.

Il m'arrive parfois de ne pas arriver à dire ce que je veux car je ne trouve pas le ou les mots adéquats. Et quand ça arrive, plus je bloque, plus je me frustre en cherchant désespérément à finir ma phrase. A ce moment-là, tout ce que j'espère, c'est que la personne en face comprenne ce que je cherche à dire et soit elle dit le mot pour me débloquer soit elle répond simplement qu'elle a compris ce que je tentais de dire.

Tout ça pour dire que si ça marche pour moi ça peut marcher pour toi donc dès que tu bloques sur ce que tu cherches à dire, je cherche aussi ce que tu veux dire pour te débloquer la situation. Je ne sais pas si c'est une bonne chose à faire, peut être que toi ça t'a frustré que je t'aide parce que tu peux te sentir humiliée mais tu es la seule de nous deux qui te juge. Je ne ressens pas de sentiment particulier quand ça t'arrive. Tout le monde y est passé et on ne le relève pas, même si ça t'arrivait plus souvent que la plupart des gens, tu n'as pas changé à mes yeux. Pour moi, seuls ceux qui ne supportent pas de base les personnes qui bégaient supportent mal ces situations ».

Témoignage 3*

« *Personnellement ça m'est arrivé de te voir bégayer en étant avec toi mais jamais ça ne me choque, jamais je me dis que ça m'ennuie, et je ne sais pas si c'est dû au fil des années ou à autre chose mais je ne m'en rends même plus vraiment compte. Je ne saurais pas te dire ce que j'ai pensé la première fois que c'est arrivé mais je me dis que si je ne m'en souviens pas c'est que ce n'était pas marquant et donc que ça ne m'a jamais choquée. Et maintenant, en y repensant, je te trouve courageuse d'avoir réussi à dépasser ce que tu as pu ressentir comme une différence, et avoir continué à parler, à t'exprimer, sans jamais te censurer* ».

Témoignage 4*

« *Ton bégaiement ne m'a jamais posé problème, le bégaiement n'est finalement qu'une petite légèreté dans la façon de parler tout comme le fait d'avoir un tic de parole ou un accent. En aucun cas cela gêne dans une conversation, et si jamais il t'arrive de « bloquer » cela ne me dérange absolument pas, j'attends la suite sans problème* ».

*= Les témoignages sont retranscrits tels quels

Pour terminer cet écrit qui me tient à cœur, je tiens à vous dire : Vous, qui possédez cette particularité du bégaiement... Vous êtes intelligents, vous êtes forts, vous êtes courageux. Vous, qui êtes dotés de détermination et de volonté, n'abandonnez jamais. Battez-vous. Relevez-vous. Essayez de nouveau. Même si vous êtes dans une phase où tout vous semble difficile... Ne doutez JAMAIS de vous ! Croyez en vous. Aimez-vous. Félicitez-vous pour tout ce chemin déjà parcouru. Soyez fiers de vous. Soyez fiers de la personne que vous êtes, et de la personne que vous êtes devenue grâce au bégaiement. Le bégaiement n'est ni quelque chose de bien, ni quelque chose de mal. C'est une particularité qui vous rend unique dans son genre. N'ayez pas peur d'assumer votre bégaiement. N'ayez pas peur de bégayer. Ouvrez-vous au monde. Vous verrez que ce monde a beaucoup à vous offrir. Tentez le coup. Oui cela peut faire peur. Mais le fait de vous ouvrir au monde vous sera bien plus opportun que de vous renfermer sur vous-même. Je crois en vous. Vous pouvez le faire. Vous êtes dotés d'une force inimaginable. Vous êtes une petite boule brûlante qui va rayonner de mille feu ! Rayonnez ! Il est temps d'être heureux...

Je vous souhaite le meilleur.

Les contributeurs :

Sophrologue : Céline Vasmer

Orthophoniste : Le cabinet Bellecour bégaiement

Le travail graphique : Christa Rochaix

Références :

Ma page Instagram : @acceptersonbegaiement
Mon blog : http://ciliarochaix5.wixsite.com/sensibilisation

Autres références :

Compte Facebook : "Le cercle très privé des personnes qui bégaient"
Compte instagram : @eloquencedubegaiement
　　　　　　　　　　@associationparolebegaiement

Site Internet : Association Parole Bégaiement